MATHEMATEG FODIWLAIDD HEINEMANN
ar gyfer
SAFON UWCH GYFRANNOL AC UWCH
Mathemateg Graidd C1

Greg Attwood   Alistair Macpherson   Bronwen Moran
Joe Petran   Keith Pledger   Geoff Staley   Dave Wilkins

Heinemann
Inspiring generations

caa
Prifysgol Cymru Aberystwyth

Y fersiwn Saesneg gwreiddiol:
Modular Maths for Edexcel AS and A Level Core Book 1
Cyhoeddwyd gan Heinemann Educational Publishers, Halley Court, Jordan Hill, Rhydychen, OX2 8EJ
Rhan o Harcourt Education

Golygwyd gan: Richard Beatty
Dyluniwyd gan: Bridge Creative Services
Darluniau a chysodi: Tech-set Cyf.
Darluniau gwreiddiol: © Harcourt Education Cyf.

Argraffwyd yn China gan China Translation & Printing Services

Cyhoeddwyd yn gyntaf yn Saesneg yn y flwyddyn 2004
© Greg Attwood, Alistair David Macpherson, Bronwen Moran, Joe Petran, Keith Pledger, Geoff Staley, Dave Wilkins 2004

Y fersiwn Cymraeg hwn:
© CAA (Y Ganolfan Astudiaethau Addysg), 2006 ⓗ

Cyhoeddwyd gan y Ganolfan Astudiaethau Addysg (CAA), Prifysgol Cymru Aberystwyth, Yr Hen Goleg, Aberystwyth, SY23 2AX (http://www.caa.aber.ac.uk). Noddwyd gan Lywodraeth Cynulliad Cymru.

Cyfieithydd: Ffion Kervegant
Golygydd: Lynwen Rees Jones
Dylunydd: Owain Hammonds
Argraffwyr: Argraffwyr Cambria

Diolch yn fawr i Huw Roberts am ei gymorth a'i arweiniad gwerthfawr.

ISBN 1-84521-104-9

Cynnwys

Gair am y llyfr hwn

Cynlluniwyd y llyfr hwn i'ch paratoi yn drwyadl ar gyfer eich arholiad.

Sut y mae defnyddio'r llyfr

Er mwyn eich cynorthwyo i ddefnyddio'r llyfr wrth astudio ac adolygu, defnyddiwch:

- **y lliwiau ymyl** – mae gan bob pennod ei lliw ei hun. Mae hyn yn eich helpu i ddarganfod yr adran gywir yn gyflym.
- **y rhestr gynnwys** – mae hon yn rhestru'r penawdau sy'n nodi prif syniadau'r maes llafur a drafodir yn y llyfr, fel y gallwch ddod o hyd iddynt yn syth. Mae'r rhestr gynnwys fanwl yn dangos pa rannau o'r maes llafur sy'n cael eu trafod ym mhob adran.
- **y mynegai** – yma rhestrir y penawdau sy'n nodi prif syniadau'r maes llafur a drafodir yn y llyfr hwn, fel y gallwch eu darganfod yn syth.

Sut y trefnwyd yr adrannau

- Mae pob adran (e.e. 1.1, 1.2) yn dechrau â gosodiad. Mae'r gosodiad yn dweud wrthych beth a drafodir yn yr adran.

1.3 Gallwch ehangu mynegiad trwy luosi pob term sydd y tu mewn i'r cromfachau â'r term sydd y tu allan.

- Mae rhai adrannau yn cynnwys esboniadau, a fydd yn eich helpu i ddeall y fathemateg sydd y tu ôl i'r cwestiynau sy'n rhaid eu hateb yn yr arholiad.
- Gweithir yr enghreifftiau gam-wrth-gam. Atebion model ydynt, fel y byddech chi'n eu hysgrifennu. Rhoddir awgrymiadau gan arholwyr yn y blychau nodiadau melyn ar ymyl y dudalen.
- Ar ddiwedd pob adran ceir ymarfer gyda digon o gwestiynau i weithio trwyddynt.

Cofio syniadau allweddol

Mae'r prif syniadau y mae angen i chi eu cofio yn cael eu rhestru mewn crynodeb o bwyntiau allweddol ar ddiwedd pob pennod. Gall y gosodiad ar ddechrau adran fod yn bwynt allweddol. Pan fydd pwyntiau allweddol yn ymddangos yn y llyfr, maen nhw'n cael eu nodi fel hyn:

■ **Mae ail isradd rhif cysefin yn swrd.**

Ymarferion a chwestiynau arholiad

Yn y llyfr hwn mae cwestiynau'n cael eu graddio'n ofalus. Felly maen nhw'n mynd yn fwy anodd er mwyn cyrraedd y safon yn raddol.

- Nodir **hen gwestiynau arholiad** ag [A].
- Mae **ymarferion cymysg** ar ddiwedd pob pennod yn eich helpu i ymarfer ateb cwestiynau ar yr holl bynciau a drafodwyd yn y bennod.
- **Papur arholiad enghreifftiol**. Pwrpas hwn yw eich helpu i baratoi at yr arholiad ei hun.
- Ceir **atebion** ar ddiwedd y llyfr – defnyddiwch yr atebion i wirio'ch gwaith.

1 Algebra a ffwythiannau

Yn y bennod hon byddwch yn dysgu sut i drin mynegiadau a ffwythiannau algebraidd.

1.1 Gallwch symleiddio mynegiadau trwy gasglu termau tebyg.

Enghraifft 1

Symleiddiwch y mynegiadau hyn:

a $3x + 2xy + 7 - x + 3xy - 9$ **b** $3x^2 - 6x + 4 - 2x^2 + 3x - 3$

c $3(a + b^2) - 2(3a - 4b^2)$

a $3x + 2xy + 7 - x + 3xy - 9$

$= 3x - x + 2xy + 3xy + 7 - 9$

$= 2x + 5xy - 2$

Ailysgrifennwch y mynegiad gan roi'r termau tebyg gyda'i gilydd.
$+7 - 9 = -2$

b $3x^2 - 6x + 4 - 2x^2 + 3x - 3$

$= 3x^2 - 2x^2 - 6x + 3x + 4 - 3$

$= x^2 - 3x + 1$

Nid yw $3x^2$ a $3x$ yn dermau tebyg:
$3x^2 = 3 \times x \times x$ $3x = 3 \times x$
Ysgrifennir $1x^2$ fel x^2.

c $3(a + b^2) - 2(3a - 4b^2)$

$= 3a + 3b^2 - 6a + 8b^2$

$= -3a + 11b^2$

Lluoswch y term sydd y tu allan i'r cromfachau â'r ddau derm sydd y tu mewn i'r cromfachau:
$-2 \times 3a = -6a$
$-2 \times -4b^2 = 8b^2$
Felly $-2(3a - 4b^2) = -6a + 8b^2$

Ymarfer 1A

Symleiddiwch y mynegiadau hyn:

1 $4x - 5y + 3x + 6y$

2 $3r + 7t - 5r + 3t$

3 $3m - 2n - p + 5m + 3n - 6p$

4 $3ab - 3ac + 3a - 7ab + 5ac$

5 $7x^2 - 2x^2 + 5x^2 - 4x^2$

6 $4m^2n + 5mn^2 - 2m^2n + mn^2 - 3mn^2$

7 $5x^2 + 4x + 1 - 3x^2 + 2x + 7$

8 $6x^2 + 5x - 12 + 3x^2 - 7x + 11$

9 $3x^2 - 5x + 2 + 3x^2 - 7x - 12$

10 $4c^2d + 5cd^2 - c^2d + 3cd^2 + 7c^2d$

11 $2x^2 + 3x + 1 + 2(3x^2 + 6)$

12 $4(a + a^2b) - 3(2a + a^2b)$

13 $2(3x^2 + 4x + 5) - 3(x^2 - 2x - 3)$

14 $7(1 - x^2) + 3(2 - 3x + 5x^2)$

15 $4(a + b + 3c) - 3a + 2c$

16 $4(c + 3d^2) - 3(2c + d^2)$

17 $5 - 3(x^2 + 2x - 5) + 3x^2$

18 $(r^2 + 3t^2 + 9) - (2r^2 + 3t^2 - 4)$

1.2 Gallwch symleiddio mynegiadau a ffwythiannau trwy ddefnyddio rheolau indecsau (pwerau).

■ $a^m \times a^n = a^{m+n}$
$a^m \div a^n = a^{m-n}$
$(a^m)^n = a^{mn}$
$a^{-m} = \dfrac{1}{a^m}$
$a^{\frac{1}{m}} = \sqrt[m]{a}$ ————————————————— $m$fed isradd a.
$a^{\frac{n}{m}} = \sqrt[m]{a^n}$

Enghraifft 2

Symleiddiwch y mynegiadau hyn:

a $x^2 \times x^5$ **b** $2r^2 \times 3r^3$ **c** $b^4 \div b^4$
ch $6x^{-3} \div 3x^{-5}$ **d** $(a^3)^2 \times 2a^2$ **dd** $(3x^2)^3 \div x^4$

a $x^2 \times x^5$
$= x^{2+5}$ ———————— Defnyddiwch y rheol $a^m \times a^n = a^{m+n}$ i symleiddio'r indecs.
$= x^7$

b $2r^2 \times 3r^3$
$= 2 \times 3 \times r^2 \times r^3$ ———————— Ailysgrifennwch y mynegiad gan roi'r rhifau gyda'i gilydd a'r termau r gyda'i gilydd.
$= 6 \times r^{2+3}$ $2 \times 3 = 6$
$= 6r^5$ $r^2 \times r^3 = r^{2+3}$

c $b^4 \div b^4$ ———————— Defnyddiwch y rheol $a^m \div a^n = a^{m-n}$
$= b^{4-4}$
$= b^0 = 1$ ———————— Mae unrhyw derm sydd i'r pŵer $0 = 1$.

ch $6x^{-3} \div 3x^{-5}$
$= 6 \div 3 \times x^{-3} \div x^{-5}$ ———————— $x^{-3} \div x^{-5} = x^{-3--5} = x^2$
$= 2 \times x^2$
$= 2x^2$

d $(a^3)^2 \times 2a^2$ ———————— Defnyddiwch y rheol $(a^m)^n = a^{mn}$ i symleiddio'r indecs.
$= a^6 \times 2a^2$ $a^6 \times 2a^2 = 1 \times 2 \times a^6 \times a^2$
$= 2 \times a^6 \times a^2$ $= 2 \times a^{6+2}$
$= 2 \times a^{6+2}$
$= 2a^8$

dd $(3x^2)^3 \div x^4$ ———————— Defnyddiwch y rheol $(a^m)^n = a^{mn}$ i symleiddio'r indecs.
$= 27x^6 \div x^4$
$= 27 \div 1 \times x^6 \div x^4$
$= 27 \times x^{6-4}$
$= 27x^2$

Ymarfer 1B

Symleiddiwch y mynegiadau hyn:

1 $x^3 \times x^4$

2 $2x^3 \times 3x^2$

3 $4p^3 \div 2p$

4 $3x^{-4} \div x^{-2}$

5 $k^3 \div k^{-2}$

6 $(y^2)^5$

7 $10x^5 \div 2x^{-3}$

8 $(p^3)^2 \div p^4$

9 $(2a^3)^2 \div 2a^3$

10 $8p^{-4} \div 4p^3$

11 $2a^{-4} \times 3a^{-5}$

12 $21a^3b^2 \div 7ab^4$

13 $9x^2 \times 3(x^2)^3$

14 $3x^3 \times 2x^2 \times 4x^6$

15 $7a^4 \times (3a^4)^2$

16 $(4y^3)^3 \div 2y^3$

17 $2a^3 \div 3a^2 \times 6a^5$

18 $3a^4 \times 2a^5 \times a^3$

1.3 Gallwch ehangu mynegiad trwy luosi pob term sydd y tu mewn i'r cromfachau â'r term sydd y tu allan.

Enghraifft 3

Ehangwch y mynegiadau hyn, gan symleiddio os yw'n bosibl:

a $5(2x + 3)$

b $-3x(7x - 4)$

c $y^2(3 - 2y^3)$

ch $4x(3x - 2x^2 + 5x^3)$

d $2x(5x + 3) - 5(2x + 3)$

> **Awgrym:** Mae arwydd – y tu allan i gromfachau yn newid arwydd pob term y tu mewn i'r cromfachau.

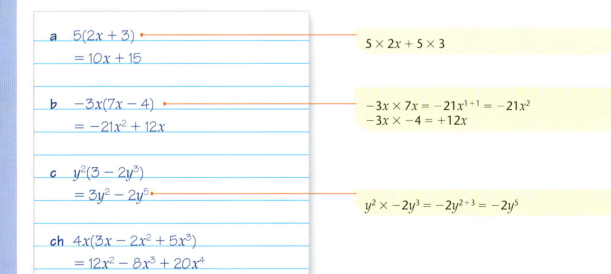

a $5(2x + 3)$

$= 10x + 15$

$\qquad 5 \times 2x + 5 \times 3$

b $-3x(7x - 4)$

$= -21x^2 + 12x$

$\qquad -3x \times 7x = -21x^{1+1} = -21x^2$
$\qquad -3x \times -4 = +12x$

c $y^2(3 - 2y^3)$

$= 3y^2 - 2y^5$

$\qquad y^2 \times -2y^3 = -2y^{2+3} = -2y^5$

ch $4x(3x - 2x^2 + 5x^3)$

$= 12x^2 - 8x^3 + 20x^4$

d $2x(5x + 3) - 5(2x + 3)$

$= 10x^2 + 6x - 10x - 15$

$= 10x^2 - 4x - 15$

> Cofiwch, mae arwydd minws y tu allan i'r cromfachau yn newid yr arwyddion y tu mewn i'r cromfachau.
> Symleiddiwch $6x - 10x$ i roi $-4x$.

Ymarfer **1C**

Ehangwch a symleiddiwch y canlynol os yw'n bosibl:

1 $9(x-2)$ **2** $x(x+9)$

3 $-3y(4-3y)$ **4** $x(y+5)$

5 $-x(3x+5)$ **6** $-5x(4x+1)$

7 $(4x+5)x$ **8** $-3y(5-2y^2)$

9 $-2x(5x-4)$ **10** $(3x-5)x^2$

11 $3(x+2)+(x-7)$ **12** $5x-6-(3x-2)$

13 $x(3x^2-2x+5)$ **14** $7y^2(2-5y+3y^2)$

15 $-2y^2(5-7y+3y^2)$ **16** $7(x-2)+3(x+4)-6(x-2)$

17 $5x-3(4-2x)+6$ **18** $3x^2-x(3-4x)+7$

19 $4x(x+3)-2x(3x-7)$ **20** $3x^2(2x+1)-5x^2(3x-4)$

1.4 Gallwch ffactorio mynegiadau.

■ Ffactorio yw'r gwrthwyneb i ehangu mynegiadau.

Pan fyddwch wedi ffactorio mynegiad yn llwyr, ni fydd gan y termau sydd y tu mewn ffactor cyffredin.

Enghraifft **4**

Ffactoriwch y mynegiadau hyn yn llwyr:

a $3x+9$ **b** x^2-5x **c** $8x^2+20x$

ch $9x^2y+15xy^2$ **d** $3x^2-9xy$

a $3x+9$
$=3(x+3)$

> Mae 3 yn ffactor cyffredin yn $3x$ a 9.

b x^2-5x
$=x(x-5)$

> Mae x yn ffactor cyffredin yn x^2 a $-5x$.

c $8x^2+20x$
$=4x(2x+5)$

> Mae 4 ac x yn ffactorau cyffredin yn $8x^2$ a $20x$. Felly ewch â $4x$ y tu allan i'r cromfachau.

ch $9x^2y+15xy^2$
$=3xy(3x+5y)$

> Mae 3, x ac y yn ffactorau cyffredin yn $9x^2y$ ac $15xy^2$. Felly ewch â $3xy$ y tu allan i'r cromfachau.

d $3x^2-9xy$
$=3x(x-3y)$

Ymarfer 1Ch

Ffactoriwch y mynegiadau hyn yn llwyr:

1 $4x + 8$

2 $6x - 24$

3 $20x + 15$

4 $2x^2 + 4$

5 $4x^2 + 20$

6 $6x^2 - 18x$

7 $x^2 - 7x$

8 $2x^2 + 4x$

9 $3x^2 - x$

10 $6x^2 - 2x$

11 $10y^2 - 5y$

12 $35x^2 - 28x$

13 $x^2 + 2x$

14 $3y^2 + 2y$

15 $4x^2 + 12x$

16 $5y^2 - 20y$

17 $9xy^2 + 12x^2y$

18 $6ab - 2ab^2$

19 $5x^2 - 25xy$

20 $12x^2y + 8xy^2$

21 $15y - 20yz^2$

22 $12x^2 - 30$

23 $xy^2 - x^2y$

24 $12y^2 - 4yx$

1.5 Gallwch ffactorio mynegiadau cwadratig.

■ Ffurf mynegiad cwadratig yw $ax^2 + bc + c$, lle mae a, b, c yn gysonion ac $a \neq 0$.

Enghraifft 5

Ffactoriwch:

a $6x^2 + 9x$

b $x^2 - 5x - 6$

c $x^2 + 6x + 8$

ch $6x^2 - 11x + 10$

d $x^2 - 25$

dd $4x^2 - 9y^2$

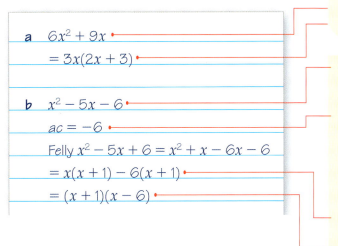

Mae 3 ac x yn ffactorau cyffredin yn $6x^2$ a $9x$. Felly ewch â $3x$ y tu allan i'r cromfachau.

a $6x^2 + 9x$
$= 3x(2x + 3)$

b $x^2 - 5x - 6$
$ac = -6$
Felly $x^2 - 5x + 6 = x^2 + x - 6x - 6$
$= x(x + 1) - 6(x + 1)$
$= (x + 1)(x - 6)$

Yma $a = 1$, $b = -5$ ac $c = -6$. Mae angen i chi ddarganfod dwy set o gromfachau sy'n lluosi â'i gilydd i roi $x^2 - 5x - 6$. Felly:

① Cyfrifwch ac.

② Cyfrifwch pa ddau o ffactorau ac sy'n adio i roi b.
$-6 + (+1) = -5$

③ Ailysgrifennwch y term bx gan ddefnyddio'r ddau ffactor hyn.

④ Ffactoriwch y ddau derm cyntaf a'r ddau derm olaf.

⑤ Mae $x + 1$ yn ffactor o'r ddau derm, felly ewch â hwn y tu allan i'r cromfachau. Nawr mae hwn wedi ei ffactorio'n llwyr.

c $x^2 + 6x + 8$

$= x^2 + 2x + 4x + 8$

$= x(x + 2) + 4(x + 2)$

$= (x + 2)(x + 4)$

> Gan fod $ac = 8$ a $2 + 4 = 6 = b$, ffactoriwch.
> Mae $x + 2$ yn ffactor felly gallwch ffactorio eto.

ch $6x^2 - 11x - 10$

$= 6x^2 - 15x + 4x - 10$

$= 3x(2x - 5) + 2(2x - 5)$

$= (2x - 5)(3x + 2)$

> Mae $ac = -60$ ac mae $4 - 15 = -11 = b$. Ffactoriwch.
> Ffactoriwch $(2x - 5)$.

d $x^2 - 25$

$= x^2 - 5^2$

$= (x + 5)(x - 5)$

> Gelwir hwn yn wahaniaeth rhwng dau sgwâr gan mai'r ddau derm yw x^2 a 5^2.
> Mae'r ddau derm x, $5x$ a $-5x$, yn canslo'i gilydd.

dd $4x^2 - 9y^2$

$= 2^2x^2 - 3^2y^2$

$= (2x + 3y)(2x - 3y)$

> Mae hyn yr un fath â $(2x)^2 - (3y)^2$.

■ $x^2 - y^2 = (x + y)(x - y)$

Gelwir hwn yn wahaniaeth rhwng dau sgwâr.

Ymarfer 1D

Ffactoriwch:

1 $x^2 + 4x$

2 $2x^2 + 6x$

3 $x^2 + 11x + 24$

4 $x^2 + 8x + 12$

5 $x^2 + 3x - 40$

6 $x^2 - 8x + 12$

7 $x^2 + 5x + 6$

8 $x^2 - 2x - 24$

9 $x^2 - 3x - 10$

10 $x^2 + x - 20$

11 $2x^2 + 5x + 2$

12 $3x^2 + 10x - 8$

13 $5x^2 - 16x + 3$

14 $6x^2 - 8x - 8$

15 $2x^2 + 7x - 15$

16 $2x^4 + 14x^2 + 24$

17 $x^2 - 4$

18 $x^2 - 49$

19 $4x^2 - 25$

20 $9x^2 - 25y^2$

21 $36x^2 - 4$

22 $2x^2 - 50$

23 $6x^2 - 10x + 4$

24 $15x^2 + 42x - 9$

> **Awgrymiadau:**
> Cwestiwn 14 – Rhowch 2 ar y tu allan fel ffactor cyffredin yn gyntaf.
> Cwestiwn 16 – gadewch i $y = x^2$.

1.6 Gallwch ddefnyddio rheolau indecsau yn achos pob esbonydd cymarebol.

■ $a^m \times a^n = a^{m+n}$

$a^m \div a^n = a^{m-n}$

$(a^m)^n = a^{mn}$

$a^{\frac{1}{m}} = \sqrt[m]{a}$

$a^{\frac{n}{m}} = \sqrt[m]{a^n}$

$a^{-m} = \dfrac{1}{a^m}$

$a^0 = 1$

Awgrym: Gellir ysgrifennu rhifau cymarebol fel $\dfrac{a}{b}$ lle mae a a b yn ddau gyfanrif, e.e. -3.5, $1\frac{1}{4}$, 0.9, 7, $0.\dot{1}\dot{3}$

Enghraifft 6

Symleiddiwch:

a $x^4 \div x^{-3}$

b $x^{\frac{1}{2}} \times x^{\frac{3}{2}}$

c $(x^3)^{\frac{2}{3}}$

ch $2x^{1.5} \div 4x^{-0.25}$

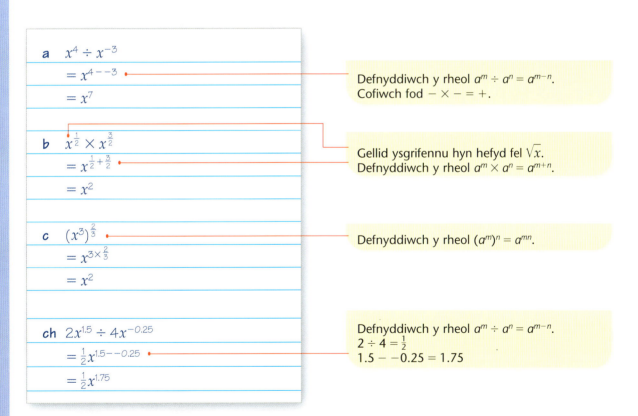

a $x^4 \div x^{-3}$

$= x^{4--3}$

$= x^7$

> Defnyddiwch y rheol $a^m \div a^n = a^{m-n}$.
> Cofiwch fod $- \times - = +$.

b $x^{\frac{1}{2}} \times x^{\frac{3}{2}}$

$= x^{\frac{1}{2}+\frac{3}{2}}$

$= x^2$

> Gellid ysgrifennu hyn hefyd fel $\sqrt{x}$.
> Defnyddiwch y rheol $a^m \times a^n = a^{m+n}$.

c $(x^3)^{\frac{2}{3}}$

$= x^{3 \times \frac{2}{3}}$

$= x^2$

> Defnyddiwch y rheol $(a^m)^n = a^{mn}$.

ch $2x^{1.5} \div 4x^{-0.25}$

$= \frac{1}{2}x^{1.5--0.25}$

$= \frac{1}{2}x^{1.75}$

> Defnyddiwch y rheol $a^m \div a^n = a^{m-n}$.
> $2 \div 4 = \frac{1}{2}$
> $1.5 - -0.25 = 1.75$

Enghraifft 7

Enrhifwch:

a $9^{\frac{1}{2}}$

b $64^{\frac{1}{3}}$

c $49^{\frac{3}{2}}$

ch $25^{-\frac{3}{2}}$

a $9^{\frac{1}{2}}$

$= \sqrt{9}$ •————————————— Gan ddefnyddio $a^{\frac{1}{m}} = \sqrt[m]{a}$.
Pan ydych yn cyfrifo ail isradd, gall yr ateb
$= \pm 3$ •————————————— fod yn bositif neu'n negatif oherwydd bod
$+ \times + = +$ a $- \times - = +$.

b $64^{\frac{1}{3}}$

$= \sqrt[3]{64}$ •————————————— Mae hyn yn golygu trydydd isradd 64.
Oherwydd bod $4 \times 4 \times 4 = 64$.
$= 4$ •—————————————

c $49^{\frac{3}{2}}$

$= (\sqrt{49})^3$ •————————————— Gan ddefnyddio $a^{\frac{n}{m}} = \sqrt[m]{a^n}$.
Mae hyn yn golygu ail isradd 49, wedi ei
$= \pm 343$ giwbio.

ch $25^{-\frac{3}{2}}$

$= \dfrac{1}{25^{\frac{3}{2}}}$ •————————————— Gan ddefnyddio $a^{-m} = \dfrac{1}{a^m}$.

$= \dfrac{1}{(\pm\sqrt{25})^3}$ •————————————— $\sqrt{25} = \pm 5$

$= \dfrac{1}{(\pm 5)^3}$

$= \pm \dfrac{1}{125}$

Ymarfer 1Dd

1 Symleiddiwch:

   a $x^3 \div x^{-2}$ **b** $x^5 \div x^7$ **c** $x^{\frac{3}{2}} \times x^{\frac{5}{2}}$

   ch $(x^2)^{\frac{3}{2}}$ **d** $(x^3)^{\frac{5}{3}}$ **dd** $3x^{0.5} \times 4x^{-0.5}$

   e $9x^{\frac{2}{3}} \div 3x^{\frac{1}{6}}$ **f** $5x^{1\frac{2}{5}} \div x^{\frac{2}{5}}$ **ff** $3x^4 \times 2x^{-5}$

2 Enrhifwch:

   a $25^{\frac{1}{2}}$ **b** $81^{\frac{1}{2}}$ **c** $27^{\frac{1}{3}}$

   ch 4^{-2} **d** $9^{-\frac{1}{2}}$ **dd** $(-5)^{-3}$

   e $(\frac{3}{4})^0$ **f** $1296^{\frac{1}{4}}$ **ff** $(1\frac{9}{16})^{\frac{3}{2}}$

   g $(\frac{27}{8})^{\frac{2}{3}}$ **ng** $(\frac{6}{5})^{-1}$ **h** $(\frac{343}{512})^{-\frac{2}{3}}$

1.7 Gallwch ysgrifennu rhif yn union trwy ddefnyddio syrdiau, e.e. $\sqrt{2}$, $\sqrt{3} - 5$, $\sqrt{19}$. Ni allwch enrhifo syrdiau yn union oherwydd eu bod yn rhoi ffracsiynau degol diddiwedd, anghylchol, e.e. $\sqrt{2} = 1.414\,213\,562\ldots$
Mae ail isradd rhif cysefin yn swrd.

■ Gallwch drin syrdiau trwy ddefnyddio'r rheolau hyn:

$$\sqrt{(ab)} = \sqrt{a} \times \sqrt{b}$$

$$\sqrt{\dfrac{a}{b}} = \dfrac{\sqrt{a}}{\sqrt{b}}$$

Enghraifft 8

Symleiddiwch:

a $\sqrt{12}$

b $\dfrac{\sqrt{20}}{2}$

c $5\sqrt{6} - 2\sqrt{24} + \sqrt{294}$

a $\sqrt{12}$
$= \sqrt{(4 \times 3)}$
$= \sqrt{4} \times \sqrt{3}$
$= 2\sqrt{3}$

> Defnyddiwch y rheol $\sqrt{ab} = \sqrt{a} \times \sqrt{b}$.
> $\sqrt{4} = 2$

b $\dfrac{\sqrt{20}}{2}$
$= \dfrac{\sqrt{4} \times \sqrt{5}}{2}$
$= \dfrac{2 \times \sqrt{5}}{2}$
$= \sqrt{5}$

> $\sqrt{20} = \sqrt{4} \times \sqrt{5}$
> $\sqrt{4} = 2$
> Canslwch â 2.

c $5\sqrt{6} - 2\sqrt{24} + \sqrt{294}$
$= 5\sqrt{6} - 2\sqrt{6}\sqrt{4} + \sqrt{6} \times \sqrt{49}$
$= \sqrt{6}(5 - 2\sqrt{4} + \sqrt{49})$
$= \sqrt{6}(5 - 2 \times 2 + 7)$
$= \sqrt{6}(8)$
$= 8\sqrt{6}$

> Mae $\sqrt{6}$ yn ffactor cyffredin.
> Cyfrifwch yr ail israddau $\sqrt{4}$ a $\sqrt{49}$.
> $5 - 4 + 7 = 8$

Ymarfer $\boxed{\text{1E}}$

Symleiddiwch y canlynol:

$\boxed{1}$ $\sqrt{28}$

$\boxed{2}$ $\sqrt{72}$

$\boxed{3}$ $\sqrt{50}$

$\boxed{4}$ $\sqrt{32}$

$\boxed{5}$ $\sqrt{90}$

$\boxed{6}$ $\frac{\sqrt{12}}{2}$

$\boxed{7}$ $\frac{\sqrt{27}}{3}$

$\boxed{8}$ $\sqrt{20} + \sqrt{80}$

$\boxed{9}$ $\sqrt{200} + \sqrt{18} - \sqrt{72}$

$\boxed{10}$ $\sqrt{175} + \sqrt{63} + 2\sqrt{28}$

$\boxed{11}$ $1\sqrt{28} - 2\sqrt{63} + \sqrt{7}$

$\boxed{12}$ $\sqrt{80} - 2\sqrt{20} + 3\sqrt{45}$

$\boxed{13}$ $3\sqrt{80} - 2\sqrt{20} + 5\sqrt{45}$

$\boxed{14}$ $\frac{\sqrt{44}}{\sqrt{11}}$

$\boxed{15}$ $\sqrt{12} + 3\sqrt{48} + \sqrt{75}$

1.8 Rydych yn cymarebu enwadur ffracsiwn pan fo'n swrd.

■ Dyma reolau cymarebu syrdiau:

- Ffracsiynau yn y ffurf $\sqrt{\dfrac{1}{a}}$, lluoswch y top a'r gwaelod ag $\sqrt{a}$.

- Ffracsiynau yn y ffurf $\dfrac{1}{a + \sqrt{b}}$, lluoswch y top a'r gwaelod ag $a - \sqrt{b}$.

- Ffracsiynau yn y ffurf $\dfrac{1}{a - \sqrt{b}}$, lluoswch y top a'r gwaelod ag $a + \sqrt{b}$.

Enghraifft $\boxed{9}$

Cymarebwch enwadur y canlynol:

a $\dfrac{1}{\sqrt{3}}$

b $\dfrac{1}{3 + \sqrt{2}}$

c $\dfrac{\sqrt{5} + \sqrt{2}}{\sqrt{5} - \sqrt{2}}$

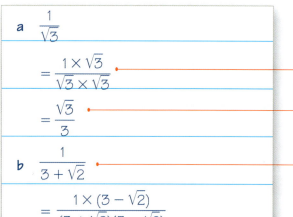

a $\dfrac{1}{\sqrt{3}}$

$= \dfrac{1 \times \sqrt{3}}{\sqrt{3} \times \sqrt{3}}$

$= \dfrac{\sqrt{3}}{3}$

Lluoswch y top a'r gwaelod ag $\sqrt{3}$.
$\sqrt{3} \times \sqrt{3} = (\sqrt{3})^2 = 3$

b $\dfrac{1}{3 + \sqrt{2}}$

$= \dfrac{1 \times (3 - \sqrt{2})}{(3 + \sqrt{2})(3 - \sqrt{2})}$

$= \dfrac{3 - \sqrt{2}}{9 - 3\sqrt{2} + 3\sqrt{2} - 2}$

$= \dfrac{3 - \sqrt{2}}{7}$

Lluoswch y top a'r gwaelod â $(3 - \sqrt{2})$.
$\sqrt{2} \times \sqrt{2} = 2$
$9 - 2 = 7$, $-3\sqrt{2} + 3\sqrt{2} = 0$

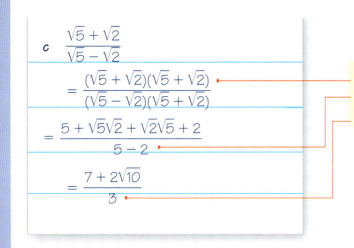

$$c \quad \frac{\sqrt{5} + \sqrt{2}}{\sqrt{5} - \sqrt{2}}$$

$$= \frac{(\sqrt{5} + \sqrt{2})(\sqrt{5} + \sqrt{2})}{(\sqrt{5} - \sqrt{2})(\sqrt{5} + \sqrt{2})}$$

$$= \frac{5 + \sqrt{5}\sqrt{2} + \sqrt{2}\sqrt{5} + 2}{5 - 2}$$

$$= \frac{7 + 2\sqrt{10}}{3}$$

Lluoswch y top a'r gwaelod ag $\sqrt{5} + \sqrt{2}$.

$-\sqrt{2}\sqrt{5}$ a $\sqrt{5}\sqrt{2}$ yn canslo'i gilydd.

$\sqrt{5}\sqrt{2} = \sqrt{10}$

Ymarfer 1F

Cymarebwch yr enwaduron:

1 $\dfrac{1}{\sqrt{5}}$ **2** $\dfrac{1}{\sqrt{11}}$ **3** $\dfrac{1}{\sqrt{2}}$

4 $\dfrac{\sqrt{3}}{\sqrt{15}}$ **5** $\dfrac{\sqrt{12}}{\sqrt{48}}$ **6** $\dfrac{\sqrt{5}}{\sqrt{80}}$

7 $\dfrac{\sqrt{12}}{\sqrt{156}}$ **8** $\dfrac{\sqrt{7}}{\sqrt{63}}$ **9** $\dfrac{1}{1 + \sqrt{3}}$

10 $\dfrac{1}{2 + \sqrt{5}}$ **11** $\dfrac{1}{3 - \sqrt{7}}$ **12** $\dfrac{4}{3 - \sqrt{5}}$

13 $\dfrac{1}{\sqrt{5} - \sqrt{3}}$ **14** $\dfrac{3 - \sqrt{2}}{4 - \sqrt{5}}$ **15** $\dfrac{5}{2 + \sqrt{5}}$

16 $\dfrac{5\sqrt{2}}{\sqrt{8} - \sqrt{7}}$ **17** $\dfrac{11}{3 + \sqrt{11}}$ **18** $\dfrac{\sqrt{3} - \sqrt{7}}{\sqrt{3} + \sqrt{7}}$

19 $\dfrac{\sqrt{17} - \sqrt{11}}{\sqrt{17} + \sqrt{11}}$ **20** $\dfrac{\sqrt{41} + \sqrt{29}}{\sqrt{41} - \sqrt{29}}$ **21** $\dfrac{\sqrt{2} - \sqrt{3}}{\sqrt{3} - \sqrt{2}}$

Ymarfer cymysg 1Ff

1 Symleiddiwch:

    a $y^3 \times y^5$ **b** $3x^2 \times 2x^5$

    c $(4x^2)^3 \div 2x^5$ **ch** $4b^2 \times 3b^3 \times b^4$

2 Ehangwch y cromfachau:

    a $3(5y + 4)$ **b** $5x^2(3 - 5x + 2x^2)$

    c $5x(2x + 3) - 2x(1 - 3x)$ **ch** $3x^2(1 + 3x) - 2x(3x - 2)$

3 Ffactoriwch y mynegiadau hyn yn llwyr:

    a $3x^2 + 4x$ **b** $4y^2 + 10y$

    c $x^2 + xy + xy^2$ **ch** $8xy^2 + 10x^2y$

4 Ffactoriwch:

a $x^2 + 3x + 2$ **b** $3x^2 + 6x$

c $x^2 - 2x - 35$ **ch** $2x^2 - x - 3$

d $5x^2 - 13x - 6$ **dd** $6 - 5x - x^2$

5 Symleiddiwch:

a $9x^3 \div 3x^{-3}$ **b** $(4^{\frac{3}{2}})^{\frac{1}{3}}$

c $3x^{-2} \times 2x^4$ **ch** $3x^{\frac{1}{3}} \div 6x^{\frac{2}{3}}$

6 Enrhifwch:

a $\left(\dfrac{8}{27}\right)^{\frac{2}{3}}$ **b** $\left(\dfrac{225}{289}\right)^{\frac{3}{2}}$

7 Symleiddiwch:

a $\dfrac{3}{\sqrt{63}}$ **b** $\sqrt{20} + 2\sqrt{45} - \sqrt{80}$

8 Cymarebwch:

a $\dfrac{1}{\sqrt{3}}$ **b** $\dfrac{1}{\sqrt{2} - 1}$

c $\dfrac{3}{\sqrt{3} - 2}$ **ch** $\dfrac{\sqrt{23} - \sqrt{37}}{\sqrt{23} + \sqrt{37}}$

Crynodeb o'r pwyntiau allweddol

1 Gallwch symleiddio mynegiadau trwy gasglu termau tebyg.

2 Gallwch symleiddio mynegiadau trwy ddefnyddio rheolau indecsau (pwerau).

$$a^m \times a^n = a^{m+n}$$

$$a^m \div a^n = a^{m-n}$$

$$a^{-m} = \frac{1}{a^m}$$

$$a^{\frac{1}{m}} = \sqrt[m]{a}$$

$$a^{\frac{n}{m}} = \sqrt[m]{a^n}$$

$$(a^m)^n = a^{mn}$$

$$a^0 = 1$$

3 Gallwch ehangu mynegiad trwy luosi pob term sydd y tu mewn i'r cromfachau â'r term sydd y tu allan.

4 Ffactorio mynegiadau yw'r gwrthwyneb i ehangu mynegiadau.

5 Ffurf mynegiad cwadratig yw $ax^2 + bx + c$, lle mae a, b, c yn gysonion ac $a \neq 0$.

6 $x^2 - y^2 = (x + y)(x - y)$
Gelwir hyn yn wahaniaeth rhwng dau sgwâr.

7 Gallwch ysgrifennu rhif yn union gan ddefnyddio syrdiau.

8 Mae ail isradd rhif cysefin yn swrd.

9 Gallwch drin syrdiau trwy ddefnyddio'r rheolau hyn:

$$\sqrt{ab} = \sqrt{a} \times \sqrt{b}$$

$$\sqrt{\frac{a}{b}} = \frac{\sqrt{a}}{\sqrt{b}}$$

10 Dyma reolau cymarebu syrdiau:

- Ffracsiynau yn y ffurf $\frac{1}{\sqrt{a}}$, lluoswch y top a'r gwaelod ag $\sqrt{a}$.

- Ffracsiynau yn y ffurf $\frac{1}{a + \sqrt{b}}$, lluoswch y top a'r gwaelod ag $a - \sqrt{b}$.

- Ffracsiynau yn y ffurf $\frac{1}{a - \sqrt{b}}$, lluoswch y top a'r gwaelod ag $a + \sqrt{b}$.

Ffwythiannau cwadratig

Mae'r bennod hon yn dangos i chi sut i lunio, braslunio a datrys hafaliadau cwadratig.

2.1 Mae angen i chi allu plotio graffiau hafaliadau cwadratig.

■ **Ffurf arferol hafaliad cwadratig yw**

$$y = ax^2 + bx + c$$

lle mae a, b ac c yn gysonion ac $a \neq 0$.
Ffordd arall o ysgrifennu hyn fyddai $f(x) = ax^2 + bx + c$.

Enghraifft 1

a Lluniwch graff yr hafaliad $y = x^2 - 3x - 4$ ar gyfer gwerthoedd x o -2 hyd at $+5$.

b Ysgrifennwch werth minimwm y a gwerth x ar gyfer y pwynt hwn.

c Labelwch y llinell cymesuredd.

a

x	-2	-1	0	1	2	3	4	5
x^2	4	1	0	1	4	9	16	25
$-3x$	$+6$	$+3$	0	-3	-6	-9	-12	-15
-4	-4	-4	-4	-4	-4	-4	-4	-4
y	6	0	-4	-6	-6	-4	0	6

① Yn gyntaf lluniwch dabl o werthoedd. Cofiwch fod unrhyw rif sydd wedi ei sgwario yn bositif.

② Edrychwch ar y tabl i benderfynu beth yw hyd echelin y. Defnyddiwch werthoedd y o -6 hyd at $+6$.

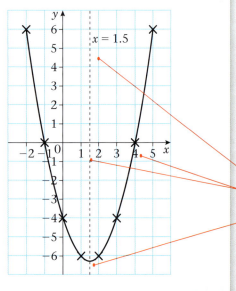

③ Plotiwch y pwyntiau ac yna cysylltwch yr holl bwyntiau â'i gilydd gan ddefnyddio cromlin lefn.

Mae gan y gromlin siâp U bob amser. Parabola yw'r enw ar y siâp hwn.

Dyma'r llinell cymesuredd. Mae hi bob amser hanner ffordd rhwng pwyntiau croesi echelin x. Ei hafaliad yw $x = 1.5$.

Dyma'r minimwm.

b Gwerth minimwm yw $y = -6.3$ pan fo $x = 1.5$.

c Gweler graff.

Ymarfer 2A

Lluniwch graffiau'r hafaliadau canlynol, gan gymryd gwerthoedd x o -4 hyd at $+4$.

Ar gyfer pob graff ysgrifennwch hafaliad y llinell cymesuredd.

1 $y = x^2 - 3$

2 $y = x^2 + 5$

3 $y = \frac{1}{2}x^2$

4 $y = -x^2$

5 $y = (x - 1)^2$

6 $y = x^2 + 3x + 2$

7 $y = 2x^2 + 3x - 5$

8 $y = x^2 + 2x - 6$

9 $y = (2x + 1)^2$

> **Awgrym:** Y siâp arferol ar gyfer rhan **4** yw siâp ∪ â'i ben i lawr, h.y. ∩.

2.2 Gallwch ddatrys hafaliadau cwadratig trwy ffactorio.

Mae gan hafaliadau cwadratig ddau ddatrysiad neu wreiddyn.
(Mewn rhai achosion mae'r ddau wreiddyn yn hafal.)
Er mwyn datrys hafaliad cwadratig, rhowch ef yn y ffurf $ax^2 + bx + c = 0$.

Enghraifft 2

Datryswch yr hafaliad $x^2 = 9x$

$x^2 = 9x$

$x^2 - 9x = 0$ — Aildrefnwch yn y ffurf $ax^2 + bx + c = 0$.

$x(x - 9) = 0$ — Ffactoriwch ag x (mae ffactorio ym Mhennod 1). Yna gallai unrhyw ran o'r lluoswm fod yn sero.

Yna naill ai $x = 0$

neu $x - 9 = 0 \Rightarrow x = 9$

Felly $x = 0$ neu $x = 9$ yw dau ddatrysiad yr hafaliad $x^2 = 9x$.

Mae gan hafaliad cwadratig ddau ddatrysiad (gwreiddyn). Mewn rhai achosion mae'r ddau wreiddyn yn hafal.

Enghraifft 3

Datryswch yr hafaliad $x^2 - 2x - 15 = 0$

$x^2 - 2x - 15 = 0$

$(x + 3)(x - 5) = 0$ — Ffactoriwch.

Yna naill ai $x + 3 = 0 \Rightarrow x = -3$

neu $x - 5 = 0 \Rightarrow x = 5$

Y datrysiadau yw $x = -3$ neu $x = 5$.

Enghraifft 4

Datryswch yr hafaliad $6x^2 + 13x - 5 = 0$

$6x^2 + 13x - 5 = 0$

$(3x - 1)(2x + 5) = 0$ •——— Ffactoriwch.

Yna naill ai $3x - 1 = 0 \Rightarrow x = \frac{1}{3}$

neu $\qquad 2x + 5 = 0 \Rightarrow x = -\frac{5}{2}$

Y datrysiadau yw $x = \frac{1}{3}$ neu $x = -\frac{5}{2}$.

Gall y datrysiadau fod yn ffracsiynau neu'n unrhyw fath arall o rif.

Enghraifft 5

Datryswch yr hafaliad $x^2 - 5x + 18 = 2 + 3x$

$x^2 - 5x + 18 = 2 + 3x$

$x^2 - 8x + 16 = 0$ •

$(x - 4)(x - 4) = 0$ •

Yna naill ai $x - 4 = 0 \Rightarrow x = 4$

neu $\qquad x - 4 = 0 \Rightarrow x = 4$

$\Rightarrow \qquad\qquad x = 4$

Aildrefnwch yn y ffurf $ax^2 + bx + c = 0$.

Ffactoriwch .

Yma $x = 4$ yw'r unig ddatrysiad, h.y. mae'r ddau wreiddyn yn hafal.

Enghraifft 6

Datryswch yr hafaliad $(2x - 3)^2 = 25$

$(2x - 3)^2 = 25$

$2x - 3 = \pm 5$

$2x = 3 \pm 5$ •

Yna naill ai $2x = 3 + 5 \Rightarrow x = 4$

neu $\qquad 2x = 3 - 5 \Rightarrow x = -1$

Y datrysiadau yw $x = 4$ neu $x = -1$.

Mae hwn yn achos arbennig.

Cyfrifwch ail isradd y ddwy ochr.

Cofiwch fod $\sqrt{25} = +5$ neu -5.

Adiwch 3 at y ddwy ochr.

Enghraifft 7

Datryswch yr hafaliad $(x - 3)^2 = 7$

$(x - 3)^2 = 7$

$x - 3 = \pm\sqrt{7}$ •

$x = +3 \pm \sqrt{7}$

Yna naill ai $x = 3 + \sqrt{7}$

neu $\qquad x = 3 - \sqrt{7}$

Y datrysiadau yw $x = 3 + \sqrt{7}$ neu $x = 3 - \sqrt{7}$.

Ail isradd. (Os nad oes gennych gyfrifiannell gadewch hwn ar ffurf swrd.)

Ymarfer 2B

Datryswch yr hafaliadau canlynol:

1 $x^2 = 4x$

2 $x^2 = 25x$

3 $3x^2 - 6x$

4 $5x^2 = 30x$

5 $x^2 + 3x + 2 = 0$

6 $x^2 + 5x + 4 = 0$

7 $x^2 + 7x + 10 = 0$

8 $x^2 - x - 6 = 0$

9 $x^2 - 8x + 15 = 0$

10 $x^2 - 9x + 20 = 0$

11 $x^2 - 5x - 6 = 0$

12 $x^2 - 4x - 12 = 0$

13 $2x^2 + 7x + 3 = 0$

14 $6x^2 - 7x - 3 = 0$

15 $6x^2 - 5x - 6 = 0$

16 $4x^2 - 16x + 15 = 0$

17 $3x^2 + 5x = 2$

18 $(2x - 3)^2 = 9$

19 $(x - 7)^2 = 36$

20 $2x^2 = 8$

21 $3x^2 = 5$

22 $(x - 3)^2 = 13$

23 $(3x - 1)^2 = 11$

24 $5x^2 - 10x^2 = -7 + x + x^2$

25 $6x^2 - 7 = 11x$

26 $4x^2 + 17x = 6x - 2x^2$

2.3 Gallwch ysgrifennu mynegiadau cwadratig mewn ffurf arall trwy gwblhau'r sgwâr.

$$x^2 + 2bx + b^2 = (x + b)^2$$
$$x^2 - 2bx + b^2 = (x - b)^2$$

> Mae'r ddau hyn yn sgwariau perffaith.

Er mwyn cwblhau sgwâr y ffwythiant $x^2 + 2bx$ mae arnoch angen term arall, sef b^2. Felly ffurf y sgwâr wedi ei gwblhau yw

$$x^2 + 2bx = (x + b)^2 - b^2$$

Yn yr un modd

$$x^2 - 2bx = (x - b)^2 - b^2$$

Enghraifft 8

Cwblhewch y sgwâr ar gyfer y mynegiad $x^2 + 8x$

$x^2 + 8x$
$= (x + 4)^2 - 4^2$
$= (x + 4)^2 - 16$

> $2b = 8$, felly $b = 4$

Yn gyffredinol

■ Cwblhau'r sgwâr: $x^2 + bx = \left(x + \dfrac{b}{2}\right)^2 - \left(\dfrac{b}{2}\right)^2$

Enghraifft 9

Cwblhewch y sgwâr ar gyfer y mynegiadau canlynol:

a $x^2 + 12x$ **b** $2x^2 - 10x$

a $x^2 + 12x$

$= (x + 6)^2 - 6^2$

$= (x + 6)^2 - 36$

> $2b = 12$, felly $b = 6$

b $2x^2 - 10x$

$= 2(x^2 - 5x)$

$= 2[(x - \frac{5}{2})^2 - (\frac{5}{2})^2]$

$= 2(x - \frac{5}{2})^2 - \frac{25}{2}$

> Yma mae cyfernod x^2 yn 2.
> Felly rhowch gyfernod x^2 ar y tu allan.
> Cwblhewch y sgwâr ar gyfer $(x^2 - 5x)$.
> Defnyddiwch $b = -5$.

Ymarfer 2C

Cwblhewch y sgwâr ar gyfer y mynegiadau canlynol:

1 $x^2 + 4x$ **2** $x^2 - 6x$ **3** $x^2 - 16x$ **4** $x^2 + x$

5 $x^2 - 14x$ **6** $2x^2 + 16x$ **7** $3x^2 - 24x$ **8** $2x^2 - 4x$

9 $5x^2 + 20x$ **10** $2x^2 - 5x$ **11** $3x^2 + 9x$ **12** $3x^2 - x$

2.4 Gallwch ddatrys hafaliadau cwadratig trwy gwblhau'r sgwâr.

Enghraifft 10

Datryswch yr hafaliad $x^2 + 8x + 10 = 0$ trwy gwblhau'r sgwâr.

$x^2 + 8x + 10 = 0$

> Gwiriwch fod cyfernod $x^2 = 1$.

$x^2 + 8x = -10$

> Tynnwch 10 i gael yr ochr chwith yn y ffurf $ax^2 + b$.

$(x + 4)^2 - 4^2 = -10$

> Cwblhewch y sgwâr ar gyfer $(x^2 + 8x)$.

$(x + 4)^2 = -10 + 16$

> Adiwch 4^2 at y ddwy ochr.

$(x + 4)^2 = 6$

$(x + 4) = \pm\sqrt{6}$

> Cyfrifwch ail isradd y ddwy ochr.

$x = -4 \pm \sqrt{6}$

> Tynnwch 4 o'r ddwy ochr.

Yna mae datrysiadau (gwreiddiau)

$x^2 + 8x + 10 = 0$ yn naill ai

$x = -4 + \sqrt{6}$ neu $x = -4 - \sqrt{6}$.

> Gadewch eich ateb ar ffurf swrd gan fod hwn yn gwestiwn nad yw'n defnyddio cyfrifiannell.

Enghraifft 11

Datryswch yr hafaliad $2x^2 - 8x + 7 = 0$.

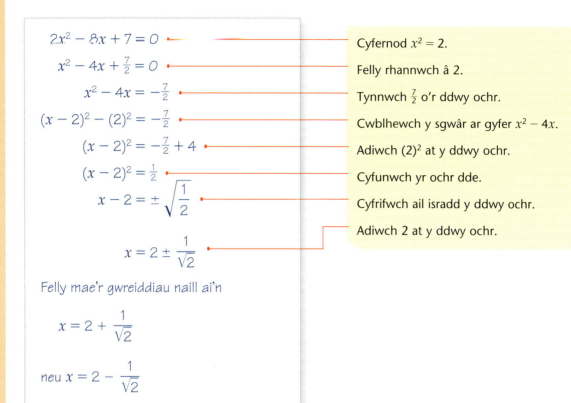

$2x^2 - 8x + 7 = 0$ Cyfernod $x^2 = 2$.

$x^2 - 4x + \frac{7}{2} = 0$ Felly rhannwch â 2.

$x^2 - 4x = -\frac{7}{2}$ Tynnwch $\frac{7}{2}$ o'r ddwy ochr.

$(x-2)^2 - (2)^2 = -\frac{7}{2}$ Cwblhewch y sgwâr ar gyfer $x^2 - 4x$.

$(x-2)^2 = -\frac{7}{2} + 4$ Adiwch $(2)^2$ at y ddwy ochr.

$(x-2)^2 = \frac{1}{2}$ Cyfunwch yr ochr dde.

$x - 2 = \pm\sqrt{\frac{1}{2}}$ Cyfrifwch ail isradd y ddwy ochr.

Adiwch 2 at y ddwy ochr.

$x = 2 \pm \dfrac{1}{\sqrt{2}}$

Felly mae'r gwreiddiau naill ai'n

$x = 2 + \dfrac{1}{\sqrt{2}}$

neu $x = 2 - \dfrac{1}{\sqrt{2}}$

Nodyn: Weithiau mae $b^2 - 4ac$ yn negatif, ac nid oes datrysiadau real.

Ymarfer 2Ch

Datryswch yr hafaliadau cwadratig hyn trwy gwblhau'r sgwâr (cofiwch adael eich ateb ar ffurf swrd).

1   $x^2 + 6x + 1 = 0$ 2 $x^2 + 12x + 3 = 0$

3   $x^2 - 10x = 5$ 4 $x^2 + 4x - 2 = 0$

5   $x^2 - 3x - 5 = 0$ 6 $2x^2 - 7 = 4x$

7   $4x^2 - x = 8$ 8 $10 = 3x - x^2$

9   $15 - 6x - 2x^2 = 0$ 10 $5x^2 + 8x - 2 = 0$

2.5 Gallwch ddatrys hafaliadau cwadratig $ax^2 + bx + c = 0$ trwy ddefnyddio'r fformiwla

$$x = \frac{-b \pm \sqrt{(b^2 - 4ac)}}{2a}$$

Enghraifft 12

Dangoswch fod datrysiadau $ax^2 + bx + c = 0$ yn

$$x = \frac{-b \pm \sqrt{(b^2 - 4ac)}}{2a}$$

Er mwyn gwneud hyn cwblhewch y sgwâr.

$$x^2 + \frac{b}{a}x + \frac{c}{a} = 0$$

Cyfernod x^2 yw a felly rhannwch ag a.

$$x^2 + \frac{b}{a}x = -\frac{c}{a}$$

Tynnwch $\frac{c}{a}$ o'r ddwy ochr.

$$\left(x + \frac{b}{2a}\right)^2 - \frac{b^2}{4a^2} = -\frac{c}{a}$$

Cwblhewch y sgwâr.

$$\left(x + \frac{b}{2a}\right)^2 = \frac{b^2}{4a^2} - \frac{c}{a}$$

Adiwch $\frac{b^2}{4a^2}$ at y ddwy ochr.

$$\left(x + \frac{b}{2a}\right)^2 = \frac{b^2 - 4ac}{4a^2}$$

Cyfunwch yr ochr dde.

$$x + \frac{b}{2a} = \frac{\pm\sqrt{(b^2 - 4ac)}}{2a}$$

Cyfrifwch yr ail isradd.

Felly $$x = \frac{-b \pm \sqrt{(b^2 - 4ac)}}{2a}$$

Tynnwch $\frac{b}{2a}$ o'r ddwy ochr.

Gwahanolyn yw'r enw ar $b^2 - 4ac$.

Enghraifft 13

Datryswch $4x^2 - 3x - 2 = 0$ gan ddefnyddio'r fformiwla.

$$x = \frac{-(-3) \pm \sqrt{[(-3)^2 - 4(4)(-2)]}}{2 \times 4}$$

Defnyddiwch $x = \frac{-b \pm \sqrt{(b^2 - 4ac)}}{2a}$

$$x = \frac{+3 \pm \sqrt{(9 + 32)}}{8}$$

lle mae $a = 4$, $b = -3$, $c = -2$.

$-4 \times 4 \times -2 = +32$

$$x = \frac{+3 \pm \sqrt{41}}{8}$$

Yna $$x = \frac{+3 + \sqrt{41}}{8}$$

neu $$x = \frac{+3 - \sqrt{41}}{8}$$

Gadewch eich ateb ar ffurf swrd.

Ymarfer **2D**

Datryswch yr hafaliadau cwadratig canlynol trwy ddefnyddio'r fformiwla, gan roi'r datrysiadau ar ffurf swrd. Symleiddiwch eich atebion.

1 $x^2 + 3x + 1 = 0$

2 $x^2 - 3x - 2 = 0$

3 $x^2 + 6x + 6 = 0$

4 $x^2 - 5x - 2 = 0$

5 $3x^2 + 10x - 2 = 0$

6 $4x^2 - 4x - 1 = 0$

7 $7x^2 + 9x + 1 = 0$

8 $5x^2 + 4x - 3 = 0$

9 $4x^2 - 7x = 2$

10 $11x^2 + 2x - 7 = 0$

2.6 **Mae angen i chi allu braslunio graffiau hafaliadau cwadratig a datrys problemau trwy ddefnyddio'r gwahanolyn.**

Dyma'r camau i'ch helpu i fraslunio'r graffiau:

1 Penderfynwch ar y siâp.

Pan fo a yn >0 bydd y gromlin yn siâp $\bigcup$.

Pan fo a yn <0 bydd y gromlin yn siâp $\bigcap$.

2 Darganfyddwch y pwyntiau lle mae'r gromlin yn croesi echelinau x ac y.
Rhowch $y = 0$ i ddarganfod cyfesurynnau'r pwyntiau croesi ar echelin x.
Rhowch $x = 0$ i ddarganfod cyfesurynnau'r pwyntiau croesi ar echelin y.

3 Gwiriwch siâp cyffredinol y gromlin trwy ystyried y gwahanolyn, $b^2 - 4ac$.
Pan fo amodau penodol wedi eu rhoi, mae siâp cyffredinol y gromlin yn y ffurfiau hyn:

$b^2 > 4ac$ ac $a > 0$

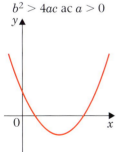

Yma ceir dau wreiddyn gwahanol.

$b^2 = 4ac$ ac $a > 0$

Yma ceir dau wreiddyn hafal.

$b^2 < 4ac$ ac $a > 0$

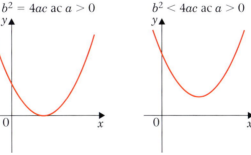

Yma nid oes gwreiddiau real.

$b^2 > 4ac$ ac $a < 0$

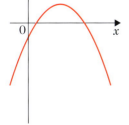

Yma ceir dau wreiddyn gwahanol.

$b^2 = 4ac$ ac $a < 0$

Yma ceir dau wreiddyn hafal.

$b^2 < 4ac$ ac $a < 0$

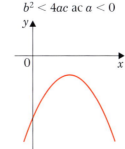

Yma nid oes gwreiddiau real.

> Gallwch ddefnyddio'r gwahanolyn i benderfynu pryd y bydd gan hafaliad cwadratig:
> - wreiddiau hafal:
> $b^2 = 4ac$
> - gwreiddiau real:
> $b^2 > 4ac$
> - dim gwreiddiau real:
> $b^2 < 4ac$

Enghraifft 14

Brasluniwch graff $y = x^2 - 5x + 4$

$a > 0$ felly mae'n siâp $\cup$.

Pan fo $y = 0$,

mae $0 = x^2 - 5x + 4$

$0 = (x - 4)(x - 1)$

$x = 4$ neu $x = 1$

> Ffactoriwch i ddatrys yr hafaliad.
> (Efallai y bydd angen i chi ddefnyddio'r fformiwla neu gwblhau'r sgwâr)

Felly pwyntiau croesi'r echelin x yw

$(4, 0)$ ac $(1, 0)$.

Pan fo $x = 0$, mae $y = 4$, felly pwynt

croesi'r echelin $y = (0, 4)$

$b^2 = 25$, $4ac = 16$

> $a = 1$, $b = -5$, $c = 4$

Felly $b^2 > 4ac$ ac $a > 0$.

Felly braslun y graff yw:

> Cofiwch y siâp cyffredinol:

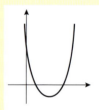

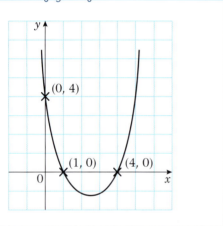

> Labelwch y pwyntiau croesi.

Enghraifft 15

Darganfyddwch werthoedd k fel bo gwreiddiau $x^2 + kx + 9 = 0$ yn hafal.

$x^2 + kx + 9 = 0$

Yma $a = 1$, $b = k$ ac $c = 9$

$k^2 = 4 \times 1 \times 9$

Felly $k = \pm 6$

> Ar gyfer gwreiddiau hafal defnyddiwch
> $b^2 = 4ac$

Ymarfer 2Dd

1 Brasluniwch graffiau'r hafaliadau canlynol:

a $y = x^2 + 3x + 2$ **b** $y = x^2 - 3x + 10$ **c** $y = x^2 + 2x - 15$ **ch** $y = 2x^2 + 7x + 3$

d $y = 2x^2 + x - 3$ **dd** $y = 6x^2 - 19x + 10$ **e** $y = 3x^2 - 2x - 5$ **f** $y = 3x^2 - 13x$

ff $y = -x^2 + 6x + 7$ **g** $y = 4 - 7x - 2x^2$

2 Darganfyddwch werthoedd k fel bo gwreiddiau $x^2 + kx + 4 = 0$ yn hafal.

3 Darganfyddwch werthoedd k fel bo gwreiddiau $kx^2 + 8x + k = 0$ yn hafal.

Ymarfer cymysg 2E

1 Lluniwch graffiau'r hafaliadau canlynol, gan ddewis gwerthoedd x addas.
Ar gyfer pob graff ysgrifennwch hafaliad y llinell cymesuredd.

   a $y = x^2 + 6x + 5$ **b** $y = 2x^2 - 3x - 4$

2 Datryswch yr hafaliadau canlynol:

   a $y^2 + 3y + 2 = 0$ **b** $3x^2 + 13x - 10 = 0$

   c $5x^2 - 10x = 4x + 3$ **ch** $(2x - 5)^2 = 7$

3 Datryswch yr hafaliadau canlynol:
   i trwy gwblhau'r sgwâr.
   ii trwy ddefnyddio'r fformiwla.

   a $x^2 + 5x + 2 = 0$ **b** $x^2 - 4x - 3 = 0$

   c $5x^2 + 3x - 1 = 0$ **ch** $3x^2 - 5x = 4$

4 Brasluniwch graffiau'r hafaliadau canlynol:

   a $y = x^2 + 5x + 4$ **b** $y = 2x^2 + x - 3$

   c $y = 6 - 10x - 4x^2$ **ch** $y = 15x - 2x^2$

5 Gan gymryd, ar gyfer holl werthoedd x, fod:

$$3x^2 + 12x + 5 = p(x + q)^2 + r$$

   a Darganfyddwch werthoedd p, q ac r.

   b Datryswch yr hafaliad $3x^2 + 12x + 5 = 0$.

6 Darganfyddwch, ar ffurf syrdiau, wreiddiau
yr hafaliad

$$2(x + 1)(x - 4) - (x - 2)^2 = 0$$

> **Awgrym:** Cofiwch fod gwreiddiau yn golygu datrysiadau.

7 Defnyddiwch algebra i ddatrys $(x - 1)(x + 2) = 18$.

Crynodeb o'r pwyntiau allweddol

1   Ffurf gyffredinol hafaliad cwadratig yw $y = ax^2 + bx + c$
    lle mae a, b ac c yn gysonion ac $a \neq 0$.

2   Gellir datrys hafaliadau cwadratig:
    - trwy ffactorio.
    - trwy gwblhau'r sgwâr:

    $$x^2 + bx = \left(x + \frac{b}{2}\right)^2 - \left(\frac{b}{2}\right)^2$$

    - trwy ddefnyddio'r fformiwla

    $$x = \frac{-b \pm \sqrt{(b^2 - 4ac)}}{2a}$$

3   Mae gan hafaliad cwadratig ddau ddatrysiad, a all fod yn hafal.

4   Er mwyn braslunio graff cwadratig:
    - penderfynwch beth yw'r siâp:

        $a > 0$ $\cup$

        $a < 0$ $\cap$

    - cyfrifwch y pwyntiau croesi ar echelinau x ac y.
    - gwiriwch beth yw'r siâp arferol trwy ystyried y gwahanolyn $b^2 - 4ac$.

3 Hafaliadau ac anhafaleddau

Mae'r bennod hon yn dangos i chi sut i ddatrys hafaliadau cydamserol a sut i ddatrys anhafaleddau.

3.1 Gallwch ddatrys hafaliadau llinol cydamserol trwy ddileu.

Enghraifft 1

Datryswch yr hafaliadau:

a $2x + 3y = 8$ **b** $4x - 5y = 4$
    $3x - y = 23$ $6x + 2y = 25$

a $2x + 3y = 8$
$9x - 3y = 69$
$11x = 77$
$x = 7$

$14 + 3y = 8$
$3y = 8 - 14$
$y = -2$
Felly'r datrysiad yw $x = 7$, $y = -2$

Yn gyntaf chwiliwch am ffordd i ddileu x neu y.

Lluoswch yr ail hafaliad â 3 i gael $3y$ yn y ddau hafaliad.

Yna adiwch, gan fod arwyddion y termau $3y$ yn wahanol a bydd y yn cael ei ddileu.

Defnyddiwch $x = 7$ yn yr hafaliad cyntaf i ddarganfod y.

Gallwch ystyried y datrysiad yn graffigol. Mae graff y ddau hafaliad yn llinell syth. Mae'r ddwy linell syth yn croestorri yn $(7, -2)$.

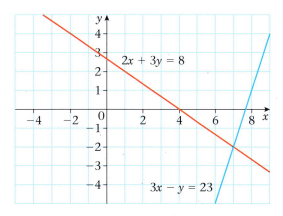

b $12x - 15y = 12$
$12x + 4y = 50$
$-19y = -38$
$y = 2$

$4x - 10 = 4$
$4x = 14$
$x = 3\frac{1}{2}$
Felly'r datrysiad yw $x = 3\frac{1}{2}$, $y = 2$

Lluoswch yr hafaliad cyntaf â 3 a lluoswch yr ail hafaliad â 2 i gael $12x$ yn y ddau hafaliad.

Tynnwch, gan fod yr un arwydd (y ddau yn bositif) o flaen y termau $12x$.

Defnyddiwch $y = 2$ yn yr hafaliad cyntaf i ddarganfod gwerth x.

Yn graffigol, mae'r ddau hafaliad yn rhoi llinell syth. Mae'r ddwy linell syth yn croestorri yn (3.5, 2).

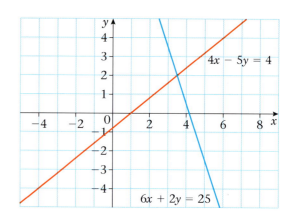

Ymarfer 3A

Datryswch yr hafaliadau cydamserol hyn trwy ddileu:

1 $2x - y = 6$
  $4x + 3y = 22$

2 $7x + 3y = 16$
  $2x + 9y = 29$

3 $5x + 2y = 6$
  $3x - 10y = 26$

4 $2x - y = 12$
  $6x + 2y = 21$

5 $3x - 2y = -6$
  $6x + 3y = 2$

6 $3x + 8y = 33$
  $6x = 3 + 5y$

3.2 Gallwch ddatrys hafaliadau llinol cydamserol trwy amnewid.

Enghraifft 2

Datryswch yr hafaliadau:

$2x - y = 1$
$4x + 2y = -30$

$y = 2x - 1$	Aildrefnwch un o'r hafaliadau i gael naill ai $x = \ldots$ neu $y = \ldots$ (yma $y = \ldots$).
$4x + 2(2x - 1) = -30$	Rhowch hyn yn lle y yn yr hafaliad arall.
$4x + 4x - 2 = -30$	
$8x = -28$	Datryswch er mwyn darganfod x.
$x = -3\frac{1}{2}$	
$y = 2(-3\frac{1}{2}) - 1 = -8$	Rhowch $x = -3\frac{1}{2}$ yn yr hafaliad $y = 2x - 1$ i ddarganfod gwerth y.
Felly'r datrysiad yw $x = -3\frac{1}{2}$, $y = -8$.	

Ymarfer 3B

Datryswch yr hafaliadau cydamserol hyn trwy amnewid:

1 $x + 3y = 11$
  $4x - 7y = 6$

2 $4x - 3y = 40$
  $2x + y = 5$

3 $3x - y = 7$
  $10x + 3y = -2$

4 $2y = 2x - 3$
  $3y = x - 1$

3.3 Gallwch ddefnyddio'r dull amnewid i ddatrys hafaliadau cydamserol lle mae un hafaliad yn llinol a'r llall yn gwadratig.

Enghraifft 3

Datryswch yr hafaliadau:

a $x + 2y = 3$

$x^2 + 3xy = 10$

b $3x - 2y = 1$

$x^2 + y^2 = 25$

a $x = 3 - 2y$

$(3 - 2y)^2 + 3y(3 - 2y) = 10$

$9 - 12y + 4y^2 + 9y - 6y^2 = 10$

$-2y^2 - 3y - 1 = 0$

$2y^2 + 3y + 1 = 0$

$(2y + 1)(y + 1) = 0$

$y = -\frac{1}{2}$ neu $y = -1$

Felly $x = 4$ neu $x = 5$

Y datrysiadau yw $x = 4$, $y = -\frac{1}{2}$

ac $x = 5$, $y = -1$

> Aildrefnwch yr hafaliad llinol i gael $x = \ldots$ neu $y = \ldots$ (yma $x = \ldots$).

> Rhowch hyn yn lle x yn yr hafaliad cwadratig.
> Mae $(3 - 2y)^2$ yn golygu $(3 - 2y)(3 - 2y)$ (gweler Pennod 1).

> Datryswch er mwyn darganfod y, trwy ffactorio.

> Darganfyddwch y gwerthoedd x cyfatebol trwy roi gwerthoedd y yn yr hafaliad $x = 3 - 2y$.

> Mae dau bâr o ddatrysiadau. Byddai graff yr hafaliad llinol (llinell syth) yn croestorri graff y cwadratig (cromlin) mewn dau bwynt.

b $3x - 2y = 1$

$2y = 3x - 1$

$y = \dfrac{3x - 1}{2}$

$x^2 + \left(\dfrac{3x - 1}{2}\right)^2 = 25$

$x^2 + \left(\dfrac{9x^2 - 6x + 1}{4}\right) = 25$

$4x^2 + 9x^2 - 6x + 1 = 100$

$13x^2 - 6x - 99 = 0$

$(13x + 33)(x - 3) = 0$

$x = -\frac{33}{13}$ neu $x = 3$

$y = -\frac{56}{13}$ neu $y = 4$

Y datrysiadau yw $x = 3$, $y = 4$

ac $x = -\frac{33}{13}$, $y = -\frac{56}{13}$

> Darganfyddwch $y = \ldots$ o'r hafaliad llinol.

> Rhowch $y = \dfrac{3x - 1}{2}$ yn lle y yn yr hafaliad cwadratig i ffurfio hafaliad yn nhermau x.
> Nawr lluoswch â 4.

> Datryswch er mwyn darganfod x.

> Rhowch werthoedd x yn yr hafaliad $y = \dfrac{3x - 1}{2}$.

Yn graffigol, mae'r hafaliad llinol (llinell syth) yn croestorri'r hafaliad cwadratig (cromlin) mewn dau bwynt.

(Mae'r gromlin hon yn gylch. Byddwch yn dysgu am ei hafaliad yn Llyfr C2.)

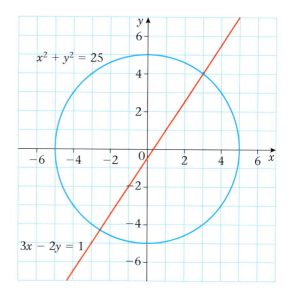

Wrth gwrs, mae'n bosibl *nad yw* llinell syth benodol a chromlin benodol yn croestorri. Yn yr achos hwn, ni fyddai gan yr hafaliad cwadratig sydd angen ei ddatrys wreiddiau real (yn yr achos hwn $b^2 - 4ac < 0$). (Gweler Adran 2.6)

Ymarfer 3C

1 Datryswch yr hafaliadau cydamserol:

   a $x + y = 11$
     $xy = 30$

   b $2x + y = 1$
     $x^2 + y^2 = 1$

   c $y = 3x$
     $2y^2 - xy = 15$

   ch $x + y = 9$
     $x^2 - 3xy + 2y^2 = 0$

   d $3a + b = 8$
     $3a^2 + b^2 = 28$

   dd $2u + v = 7$
     $uv = 6$

2 Darganfyddwch gyfesurynnau'r pwyntiau lle mae'r llinell $y = x - 4$ yn croestorri'r gromlin $y^2 = 2x^2 - 17$.

3 Darganfyddwch gyfesurynnau'r pwyntiau lle mae'r llinell $y = 3x - 1$ yn croestorri'r gromlin $y^2 - xy = 15$.

4 Datryswch yr hafaliadau cydamserol:

   a $3x + 2y = 7$
     $x^2 + y = 8$

   b $2x + 2y = 7$
     $x^2 - 4y^2 = 8$

5 Datryswch yr hafaliadau cydamserol, gan roi eich atebion yn eu ffurf swrd symlaf:

   a $x - y = 6$
     $xy = 4$

   b $2x + 3y = 13$
     $x^2 + y^2 = 78$

3.4 Gallwch ddatrys anhafaleddau llinol trwy ddefnyddio dulliau tebyg i'r rhai a ddefnyddir wrth ddatrys hafaliadau llinol.

Mae angen i chi fod yn ofalus wrth luosi neu rannu anhafaledd â rhif negatif.
Mae angen i chi droi'r arwydd anhafaledd o chwith.

               $5 > 2$

Lluoswch â -2 $-10 < -4$

■ Pan fyddwch yn lluosi neu'n rhannu anhafaledd â rhif negatif, mae angen i chi newid yr arwydd anhafaledd i roi'r arwydd dirgroes.

Enghraifft 4

Darganfyddwch y set o werthoedd x sy'n bodloni:

a $2x - 5 < 7$

b $5x + 9 \geqslant x + 20$

c $12 - 3x < 27$

ch $3(x - 5) > 5 - 2(x - 8)$

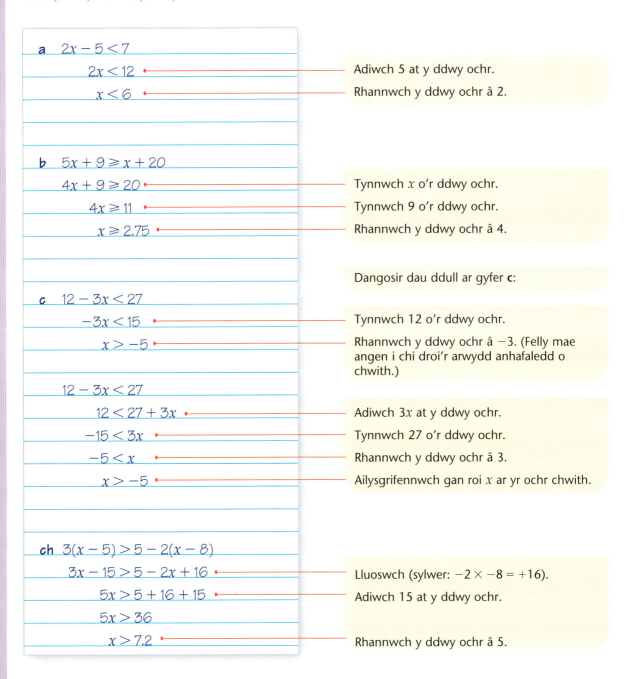

a $2x - 5 < 7$

$2x < 12$ — Adiwch 5 at y ddwy ochr.

$x < 6$ — Rhannwch y ddwy ochr â 2.

b $5x + 9 \geqslant x + 20$

$4x + 9 \geqslant 20$ — Tynnwch x o'r ddwy ochr.

$4x \geqslant 11$ — Tynnwch 9 o'r ddwy ochr.

$x \geqslant 2.75$ — Rhannwch y ddwy ochr â 4.

Dangosir dau ddull ar gyfer **c**:

c $12 - 3x < 27$

$-3x < 15$ — Tynnwch 12 o'r ddwy ochr.

$x > -5$ — Rhannwch y ddwy ochr â -3. (Felly mae angen i chi droi'r arwydd anhafaledd o chwith.)

$12 - 3x < 27$

$12 < 27 + 3x$ — Adiwch $3x$ at y ddwy ochr.

$-15 < 3x$ — Tynnwch 27 o'r ddwy ochr.

$-5 < x$ — Rhannwch y ddwy ochr â 3.

$x > -5$ — Ailysgrifennwch gan roi x ar yr ochr chwith.

ch $3(x - 5) > 5 - 2(x - 8)$

$3x - 15 > 5 - 2x + 16$ — Lluoswch (sylwer: $-2 \times -8 = +16$).

$5x > 5 + 16 + 15$ — Adiwch 15 at y ddwy ochr.

$5x > 36$

$x > 7.2$ — Rhannwch y ddwy ochr â 5.

Efallai y bydd angen i chi ddarganfod y set o werthoedd x sy'n bodloni <u>dau</u> anhafaledd ar yr un pryd. Mae llinellau rhif yn ddefnyddiol yma.

Enghraifft 5

Darganfyddwch y set o werthodd x sy'n bodloni:

$$3x - 5 < x + 8 \text{ a } 5x > x - 8$$

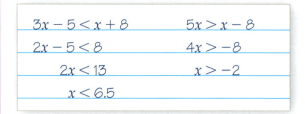

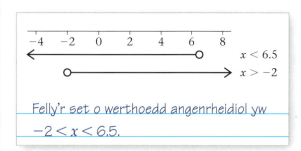

Felly'r set o werthoedd angenrheidiol yw $-2 < x < 6.5$.

Lluniwch linell rif i ddangos y ddau anhafaledd.

Mae'r 'cylchoedd gwag' ar ben bob llinell yn dangos <u>nad</u> yw'r gwerth terfyn yn cael ei gynnwys yn y set o werthoedd.

Rydych yn dangos gwerth terfyn sy'n cael ei gynnwys ($\leqslant$ neu $\geqslant$) trwy ddefnyddio 'dot solid'. ($\bullet$).

Mae'r ddwy set o werthoedd yn gorgyffwrdd (neu'n croestorri) lle mae $-2 < x < 6.5$.

Sylwch yma sut y mae hyn yn cael ei ysgrifennu pan fo x rhwng dau werth.

Enghraifft 6

Darganfyddwch y set o werthoedd x sy'n bodloni:

$$x - 5 > 1 - x \text{ ac } 15 - 3x > 5 + 2x$$

$x - 5 > 1 - x$	$15 - 3x > 5 + 2x$
$2x - 5 > 1$	$10 - 3x > 2x$
$2x > 6$	$10 > 5x$
$x > 3$	$2 > x$
	$x < 2$

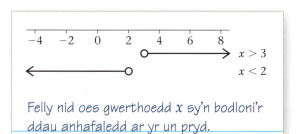

Felly nid oes gwerthoedd x sy'n bodloni'r ddau anhafaledd ar yr un pryd.

Lluniwch linell rif. Nodwch nad oes dim gorgyffwrdd yn digwydd rhwng y ddwy set o werthoedd.

Enghraifft 7

Darganfyddwch y set o werthoedd x sy'n bodloni:

$4x + 7 > 3$ ac $17 < 11 + 2x$

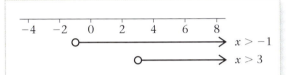

$4x + 7 > 3$	$17 < 11 + 2x$
$4x > -4$	$17 - 11 < 2x$
$x > -1$	$6 < 2x$
	$3 < x$
	$x > 3$

Lluniwch linell rif. Nodwch fod y ddwy set o werthoedd yn gorgyffwrdd lle mae $x > 3$.

Felly'r set o werthoedd angenrheidiol yw $x > 3$.

Ymarfer 3Ch

1 Darganfyddwch y set o werthoedd x sy'n bodloni:

   a $2x - 3 < 5$ **b** $5x + 4 \geqslant 39$

   c $6x - 3 > 2x + 7$ **ch** $5x + 6 \leqslant -12 - x$

   d $15 - x > 4$ **dd** $21 - 2x > 8 + 3x$

   e $1 + x < 25 + 3x$ **f** $7x - 7 < 7 - 7x$

   ff $5 - 0.5x \geqslant 1$ **g** $5x + 4 > 12 - 2x$

2 Darganfyddwch y set o werthoedd x sy'n bodloni:

   a $2(x - 3) \geqslant 0$ **b** $8(1 - x) > x - 1$

   c $3(x + 7) \leqslant 8 - x$ **ch** $2(x - 3) - (x + 12) < 0$

   d $1 + 11(2 - x) < 10(x - 4)$ **dd** $2(x - 5) \geqslant 3(4 - x)$

   e $12x - 3(x - 3) < 45$ **f** $x - 2(5 + 2x) < 11$

   ff $x(x - 4) \geqslant x^2 + 2$ **g** $x(5 - x) \geqslant 3 + x - x^2$

3 Darganfyddwch y set o werthoedd x sy'n bodloni:

   a $3(x - 2) > x - 4$ a $4x + 12 > 2x + 17$

   b $2x - 5 < x - 1$ a $7(x + 1) > 23 - x$

   c $2x - 3 > 2$ a $3(x + 2) < 12 + x$

   ch $15 - x < 2(11 - x)$ a $5(3x - 1) > 12x + 19$

   d $3x + 8 \leqslant 20$ a $2(3x - 7) \geqslant x + 6$

3.5 **Er mwyn datrys anhafaledd cwadratig dylech:**
- ddatrys yr hafaliad cwadratig, yna
- braslunio graff ffwythiant cwadratig, yna
- defnyddio'ch braslun i ddarganfod y set o werthoedd angenrheidiol.

Enghraifft 8

Darganfyddwch y set o werthoedd x sy'n bodloni $x^2 - 4x - 5 < 0$ a lluniwch fraslun i ddangos hyn.

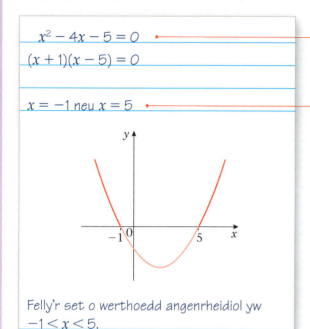

$$x^2 - 4x - 5 = 0$$

$$(x + 1)(x - 5) = 0$$

$$x = -1 \text{ neu } x = 5$$

Felly'r set o werthoedd angenrheidiol yw $-1 < x < 5$.

Hafaliad cwadratig.

Ffactoriwch (neu defnyddiwch y fformiwla gwadratig). (Gweler Adran 2.5.)

Gelwir -1 a 5 yn werthoedd critigol.

Does dim angen i'ch braslun fod yn fanwl gywir. Y cwbl sydd angen i chi ei wybod mewn gwirionedd yw bod gan y graff 'siâp U' a'i fod yn croesi echelin x yn -1 a 5. (Gweler Adran 2.6.)

Mae $x^2 - 4x - 5 < 0$ ($y < 0$) yn y rhan o'r graff sydd o dan echelin x fel sy'n cael ei ddangos gan ran olau'r braslun.

Enghraifft 9

Darganfyddwch y set o werthoedd x sy'n bodloni $x^2 - 4x - 5 > 0$.

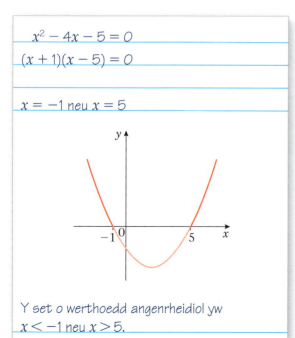

$$x^2 - 4x - 5 = 0$$

$$(x + 1)(x - 5) = 0$$

$$x = -1 \text{ neu } x = 5$$

Y set o werthoedd angenrheidiol yw $x < -1$ neu $x > 5$.

Yr unig wahaniaeth rhwng yr enghraifft hon a'r enghraifft flaenorol yw bod yn rhaid iddi fod yn fwy na 0 (> 0). Byddai'r datrysiad yn union yr un fath ac eithrio'r cam olaf.

Mae $x^2 - 4x - 5 > 0$ ($y > 0$) ar gyfer y rhan o'r graff sydd uwch ben echelin x fel sy'n cael ei ddangos gan rannau tywyll y braslun yn Enghraifft 8.

Byddwch yn ofalus wrth ysgrifennu datrysiadau fel y rhai ar dudalen 32.

Mae $-1 < x < 5$ yn iawn, ac yn dangos bod x rhwng -1 a 5.

Ond mae'n anghywir ysgrifennu rhywbeth fel $5 < x < -1$ neu $-1 > x > 5$ oherwydd ni all x fod yn llai na -1 ac yn fwy na 5 ar yr un pryd.

Mae angen ysgrifennu'r math hwn o ddatrysiad (y rhannau tywyll ar y graff) mewn dwy ran wahanol, $x < -1$, $x > 5$.

Enghraifft 10

Darganfyddwch y set o werthoedd x sy'n bodloni $3 - 5x - 2x^2 < 0$ a brasluniwch y graff $y = 3 - 5x - 2x^2$.

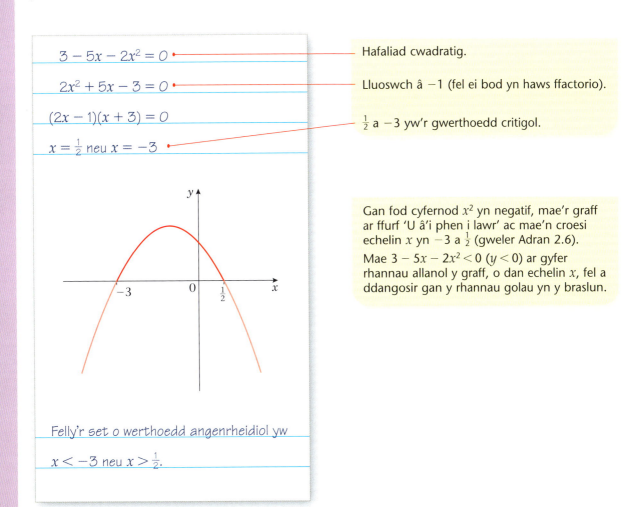

$$3 - 5x - 2x^2 = 0$$

Hafaliad cwadratig.

$$2x^2 + 5x - 3 = 0$$

Lluoswch â -1 (fel ei bod yn haws ffactorio).

$$(2x - 1)(x + 3) = 0$$

$$x = \tfrac{1}{2} \text{ neu } x = -3$$

$\tfrac{1}{2}$ a -3 yw'r gwerthoedd critigol.

Gan fod cyfernod x^2 yn negatif, mae'r graff ar ffurf 'U â'i phen i lawr' ac mae'n croesi echelin x yn -3 a $\tfrac{1}{2}$ (gweler Adran 2.6).
Mae $3 - 5x - 2x^2 < 0$ ($y < 0$) ar gyfer rhannau allanol y graff, o dan echelin x, fel a ddangosir gan y rhannau golau yn y braslun.

Felly'r set o werthoedd angenrheidiol yw

$$x < -3 \text{ neu } x > \tfrac{1}{2}.$$

Efallai y bydd angen i chi aildrefnu'r anhafaledd cwadratig i gael y termau i gyd 'ar un ochr' cyn gallu ei ddatrys, fel y dangosir yn yr enghraifft nesaf.

Enghraifft 11

Darganfyddwch y set o werthoedd x sy'n bodloni $12 + 4x > x^2$.

$12 + 4x > x^2$

$12 + 4x - x^2 > 0$

$x^2 - 4x - 12 = 0$

$(x + 2)(x - 6) = 0$

$x = -2$ or $x = 6$

Braslun o $y = 12 + 4x - x^2$

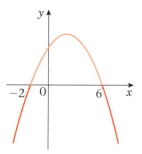

$12 + 4x - x^2 > 0$

Datrysiad: $-2 < x < 6$

$12 + 4x > x^2$

$0 > x^2 - 4x - 12$

$x^2 - 4x - 12 < 0$

$x^2 - 4x - 12 = 0$

$(x + 2)(x - 6) = 0$

$x = -2$ neu $x = 6$

Braslun o $y = x^2 - 4x - 12$

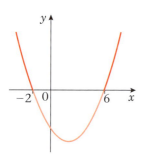

$x^2 - 4x - 12 < 0$

Datrysiad: $-2 < x < 6$

Mae dwy ffordd bosibl o wneud hyn, yn dibynnu ar ba ochr i'r arwydd anhafaledd yr ydych yn rhoi'r mynegiad.

Enghraifft 12

Darganfyddwch y set o werthoedd x sy'n bodloni $12 + 4x > x^2$ a $5x - 3 > 2$.

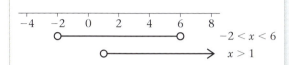

Mae datrys $12 + 4x > x^2$ yn rhoi

$-2 < x < 6$ (gweler Enghraifft 11).

Mae datrys $5x - 3 > 2$ yn rhoi $x > 1$.

$-2 < x < 6$

$x > 1$

Mae'r ddwy set o werthoedd yn

gorgyffwrdd lle mae $1 < x < 6$.

Felly'r datrysiad yw $1 < x < 6$.

Ymarfer 3D

1 Darganfyddwch y set o werthoedd x sy'n bodloni:

a $x^2 - 11x + 24 < 0$ **b** $12 - x - x^2 > 0$ **c** $x^2 - 3x - 10 > 0$

ch $x^2 + 7x + 12 \geqslant 0$ **d** $7 + 13x - 2x^2 > 0$ **dd** $10 + x - 2x^2 < 0$

e $4x^2 - 8x + 3 \leqslant 0$ **f** $-2 + 7x - 3x^2 < 0$ **ff** $x^2 - 9 < 0$

g $6x^2 + 11x - 10 > 0$ **ng** $x^2 - 5x > 0$ **h** $2x^2 + 3x \leqslant 0$

2 Darganfyddwch y set o werthoedd x sy'n bodloni:

a $x^2 < 10 - 3x$ **b** $11 < x^2 + 10$

c $x(3 - 2x) > 1$ **ch** $x(x + 11) < 3(1 - x^2)$

3 Darganfyddwch y set o werthoedd x sy'n bodloni:

a $x^2 - 7x + 10 < 0$ a $3x + 5 < 17$ **b** $x^2 - x - 6 > 0$ a $10 - 2x < 5$

c $4x^2 - 3x - 1 < 0$ a $4(x + 2) < 15 - (x + 7)$ **ch** $2x^2 - x - 1 < 0$ ac $14 < 3x - 2$

d $x^2 - x - 12 > 0$ a $3x + 17 > 2$ **dd** $x^2 - 2x - 3 < 0$ ac $x^2 - 3x + 2 > 0$

Ymarfer cymysg 3Dd

1 Datryswch yr hafaliadau cydamserol:

$x + 2y = 3$
$x^2 - 4y^2 = -33$

Ⓐ

2 Dangoswch fod dileu x o'r hafaliadau cydamserol hyn:

$$x - 2y = 1$$
$$3xy - y^2 = 8$$

yn cynhyrchu'r hafaliad

$$5y^2 + 3y - 8 = 0.$$

Datryswch yr hafaliad cwadratig hwn a, thrwy hyn, darganfyddwch y parau (x, y) fel bo'r hafaliadau cydamserol yn cael eu bodloni. **A**

3 **a** O wybod bod $3^x = 9^{y-1}$, dangoswch fod $x = 2y - 2$.

b Datryswch yr hafaliadau cydamserol:

$$x = 2y - 2$$
$$x^2 = y^2 + 7$$ **A**

4 Datryswch yr hafaliadau cydamserol:

$$x + 2y = 3$$
$$x^2 - 2y + 4y^2 = 18$$ **A**

5 **a** Datryswch yr anhafaledd $3x - 8 > x + 13$. **A**

b Datryswch yr anhafaledd $x^2 - 5x - 14 > 0$. **A**

6 Darganfyddwch y set o werthoedd x sy'n bodloni $(x - 1)(x - 4) < 2(x - 4)$. **A**

7 **a** Defnyddiwch algebra i ddatrys $(x - 1)(x + 2) = 18$.

b Drwy hyn, neu fel arall, darganfyddwch y set o werthoedd x sy'n bodloni $(x - 1)(x + 2) > 18$. **A**

8 Darganfyddwch y set o werthoedd x sy'n bodloni:

a $6x - 7 < 2x + 3$

b $2x^2 - 11x + 5 < 0$

c $6x - 7 < 2x + 3$ a hefyd $2x^2 - 11x + 5 < 0$. **A**

9 Darganfyddwch werthoedd k fel bo gwreiddiau $kx^2 + 8x + 5 = 0$ yn real.

10 Trwy ddefnyddio algebra darganfyddwch y set o werthoedd x sy'n bodloni $(2x - 3)(x + 2) > 3(x - 2)$. **A**

11 **a** Darganfyddwch, ar ffurf syrdiau, wreiddiau'r hafaliad $2(x + 1)(x - 4) - (x - 2)^2 = 0$.

b Trwy hynny, darganfyddwch y set o werthoedd x sy'n bodloni $2(x + 1)(x - 4) - (x - 2)^2 > 0$. **A**

12 **a** Defnyddiwch algebra i ddarganfod y set o werthoedd x sy'n bodloni $x(x - 5) > 36$.

b Gan ddefnyddio'ch ateb i ran **a**, darganfyddwch y set o werthoedd y sy'n bodloni $y^2(y^2 - 5) > 36$.

13 Mae'r fanyleb ar gyfer maes parcio petryalog yn nodi y bydd yr hyd, sef x m, 5 m yn fwy na'r lled. Bydd perimedr y maes parcio yn fwy na 32 m. **A**

a Ffurfiwch anhafaledd llinol yn nhermau x.

Bydd arwynebedd y maes parcio yn llai na 104 m^2.

b Ffurfiwch anhafaledd cwadratig yn nhermau x.

c Trwy ddatrys eich anhafaleddau, pennwch y set o werthoedd x posibl. **A**

Crynodeb o'r pwyntiau allweddol

1 Gallwch ddatrys hafaliadau cydamserol llinol trwy ddileu neu amnewid.

2 Gallwch ddefnyddio'r dull amnewid i ddatrys hafaliadau cydamserol, lle mae un hafaliad yn llinol a'r llall yn gwadratig. Fel arfer, rydych yn dechrau trwy ddarganfod mynegiad ar gyfer x neu y o'r hafaliad llinol.

3 Pan ydych yn lluosi neu'n rhannu anhafaledd â rhif negatif, mae angen i chi newid yr arwydd anhafaledd i roi'r arwydd dirgroes.

4 Er mwyn datrys anhafaledd cwadratig dylech:

- ddatrys yr hafaliad cwadratig cyfatebol, yna
- braslunio graff y ffwythiant cwadratig, yna
- defnyddio'ch braslun i ddarganfod y set o werthoedd angenrheidiol.

Yn y bennod hon byddwch yn dysgu sut i fraslunio cromliniau syml a'u trawsffurfio.

4.1 Gallwch fraslunio cromliniau ciwbig sydd yn y ffurf $y = ax^3 + bx^2 + cx + d$

Enghraifft 1

Braslyniwch y gromlin $y = (x - 2)(x - 1)(x + 1)$

$0 = (x - 2)(x - 1)(x + 1)$

Felly $x = 2$ neu $x = 1$ neu $x = -1$

Felly mae'r gromlin yn croesi echelin x yn $(2, 0)$ $(1, 0)$ a $(-1, 0)$.

> Rhowch $y = 0$ a datryswch i gael x er mwyn darganfod y gwreiddiau (y pwyntiau lle mae'r gromlin yn croesi echelin x).

Pan fo $x = 0$, mae $y = -2 \times -1 \times 1 = 2$

Felly mae'r gromlin yn croesi echelin y yn $(0, 2)$.

> Rhowch $x = 0$ i ddarganfod lle mae'r gromlin yn croesi echelin y.

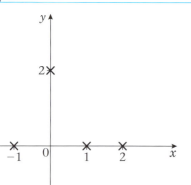

Pan fo x yn fawr ac yn bositif, mae y yn fawr ac yn bositif.

Pan fo x yn fawr ac yn negatif, mae y yn fawr ac yn negatif.

> Gwiriwch beth sy'n digwydd i y yn achos gwerthoedd x mawr positif a negatif.

> Gallwch ysgrifennu hyn fel
> $x \to \infty, y \to \infty$
> $x \to -\infty, y \to -\infty$

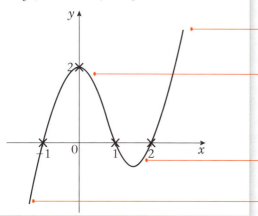

> $x \to \infty, y \to \infty$

> Gelwir hwn yn bwynt macsimwm oherwydd bod y graddiant yn newid o bositif i 0 i negatif.

> Gelwir hwn yn bwynt minimwm oherwydd bod y graddiant yn newid o negatif i 0 i bositif.

> $x \to -\infty, y \to -\infty$

Yn yr arholiad, ni fydd disgwyl i chi gyfrifo cyfesurynnau'r pwyntiau macsimwm neu'r pwyntiau minimwm heb wneud gwaith pellach ond dylech farcio pwyntiau lle mae'r gromlin yn cyfarfod â'r echelinau.

Enghraifft 2

Brasluniwch y cromliniau canlynol a dangoswch y pwyntiau lle maen nhw'n croesi'r echelinau.

a $y = (x - 2)(1 - x)(1 + x)$ **b** $y = x(x + 1)(x + 2)$

a $0 = (x - 2)(1 - x)(1 + x)$

Felly $x = 2, x = 1$ neu $x = -1$

Felly mae'r gromlin yn croesi echelin x

yn $(2, 0), (1, 0)$ a $(-1, 0)$.

> Rhowch $y = 0$ a datryswch er mwyn darganfod x.

Pan fo $x = 0, y = -2 \times 1 \times 1 = -2$

Felly mae'r gromlin yn croesi echelin y

yn $(0, -2)$.

> Darganfyddwch werth y pan fo $x = 0$.

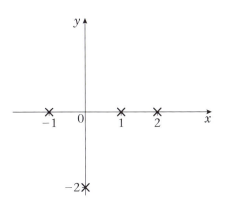

$x \to \infty, y \to -\infty$

$x \to -\infty, y \to \infty$

> Gwiriwch beth sy'n digwydd i y yn achos gwerthoedd x mawr positif a negatif.

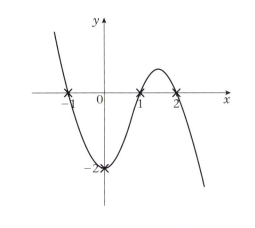

> Sylwer bod y gromlin hon yn adlewyrchiad yn echelin x o'r gromlin yn Enghraifft 1.

b $y = x(x + 1)(x + 2)$
     $0 = x(x + 1)(x + 2)$
     Felly $x = 0, x = -1$ neu $x = -2$

> Rhowch $y = 0$ a datryswch er mwyn darganfod x.

     Felly mae'r gromlin yn croesi echelin x
     yn $(0, 0), (-1, 0)$ a $(-2, 0)$.

> Felly mae'r gromlin yn croesi echelin y yn $(0, 0)$.

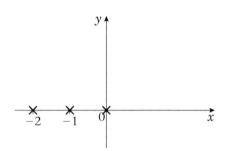

     $x \to \infty, y \to \infty$
     $x \to -\infty, y \to -\infty$

> Gwiriwch beth sy'n digwydd i y yn achos gwerthoedd x mawr positif a negatif.

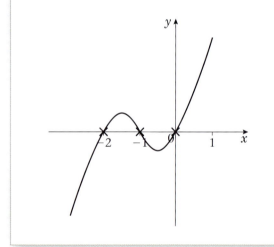

Enghraifft 3

Braslüniwch y cromliniau canlynol:

a $y = (x - 1)^2(x + 1)$

b $y = x^3 - 2x^2 - 3x$

a $y = (x - 1)^2 (x + 1)$

$0 = (x - 1)^2 (x + 1)$

Felly $x = 1$ neu $x = -1$.

Felly mae'r gromlin yn croesi echelin x yn $(1, 0)$ a $(-1, 0)$.

Pan fo $x = 0$ mae $y = (-1)^2 \times 1 = 1$

Felly mae'r gromlin yn croesi echelin y yn $(0, 1)$.

Rhowch $y = 0$ a datryswch er mwyn darganfod x.

Darganfyddwch werth y pan fo $x = 0$.

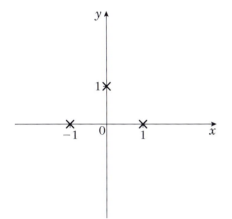

$x \to \infty, y \to \infty$

$x \to -\infty, y \to -\infty$

Gwiriwch beth sy'n digwydd i y yn achos gwerthoedd x mawr positif a negatif.

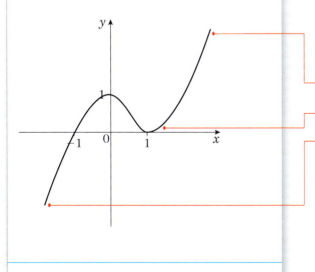

$x \to \infty, y \to \infty$

Mae $x = 1$ yn wreiddyn 'dwbl'.

$x \to -\infty, y \to -\infty$

b $y = x^3 - 2x^2 - 3x$

$= x(x^2 - 2x - 3)$

$= x(x - 3)(x + 1)$

Yn gyntaf, ffactoriwch.

$0 = x(x - 3)(x + 1)$

Felly $x = 0$, $x = 3$ neu $x = -1$

Fellt mae'r gromlin yn croesi echelin x

yn $(0, 0)$ $(3, 0)$ a $(-1, 0)$.

Felly mae'r gromlin yn croesi echelin y yn $(0, 0)$.

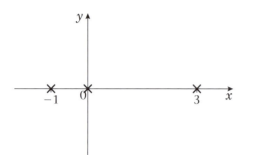

$x \rightarrow \infty, y \rightarrow \infty$

$x \rightarrow -\infty, y \rightarrow -\infty$

Gwiriwch beth sy'n digwydd i y yn achos gwerthoedd x mawr positif a negatif.

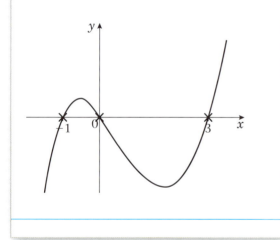

Ymarfer   4A

1   Brasluniwch y cromliniau canlynol a nodwch yn glir y croestorfannau ar yr echelinau:

a $y = (x - 3)(x - 2)(x + 1)$ **b** $y = (x - 1)(x + 2)(x + 3)$

c $y = (x + 1)(x + 2)(x + 3)$ **ch** $y = (x + 1)(1 - x)(x + 3)$

d $y = (x - 2)(x - 3)(4 - x)$ **dd** $y = x(x - 2)(x + 1)$

e $y = x(x + 1)(x - 1)$ **f** $y = x(x + 1)(1 - x)$

ff $y = (x - 2)(2x - 1)(2x + 1)$ **g** $y = x(2x - 1)(x + 3)$

2 Brasluniwch y cromliniau sydd â'r hafaliadau canlynol:

a $y = (x + 1)^2(x - 1)$ **b** $y = (x + 2)(x - 1)^2$

c $y = (2 - x)(x + 1)^2$ **ch** $y = (x - 2)(x + 1)^2$

d $y = x^2(x + 2)$ **dd** $y = (x - 1)^2x$

e $y = (1 - x)^2(3 + x)$ **f** $y = (x - 1)^2(3 - x)$

ff $y = x^2(2 - x)$ **g** $y = x^2(x - 2)$

3 Ffactoriwch yr hafaliadau canlynol ac yna brasluniwch y cromliniau:

a $y = x^3 + x^2 - 2x$ **b** $y = x^3 + 5x^2 + 4x$

c $y = x^3 + 2x^2 + x$ **ch** $y = 3x + 2x^2 - x^3$

d $y = x^3 - x^2$ **dd** $y = x - x^3$

e $y = 12x^3 - 3x$ **f** $y = x^3 - x^2 - 2x$

ff $y = x^3 - 9x$ **g** $y = x^3 - 9x^2$

4.2 **Mae angen i chi allu braslunio a dehongli graffiau ffwythiannau ciwbig sydd yn y ffurf $y = x^3$.**

Enghraifft **4**

Brasluniwch gromlin $y = x^3$.

$$0 = x^3$$

Felly mae'r gromlin yn croesi'r ddwy echelin yn $(0, 0)$.

x	-2	-1	0	1	2
$y = x^3$	-8	-1	0	1	8

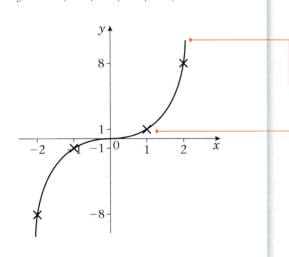

Rhowch $y = 0$ a datryswch er mwyn darganfod x.

Gan mai mewn un pwynt yn unig y mae'r gromlin yn croesi'r echelinau, darganfyddwch ei siâp trwy blotio rhai pwyntiau.

Sylwer bod y yn cynyddu'n gyflym wrth i x gynyddu.

Mae'r gromlin yn 'wastad' yn $(0, 0)$. Gelwir y pwynt hwn yn bwynt ffurfdro. Mae'r graddiant yn bositif ychydig cyn $(0, 0)$ ac yn bositif ychydig ar ôl $(0, 0)$.

Sylwer bod siâp y gromlin hon yr un fath â chromlin $y = (x + 1)^3$, a ddangosir yn Enghraifft 5.

Enghraifft 5

Brasluniwch gromliniau'r canlynol:

a $y = -x^3$ **b** $y = (x + 1)^3$ **c** $y = (3 - x)^3$

Dangoswch eu lleoliadau mewn perthynas â chromlin $y = x^3$.

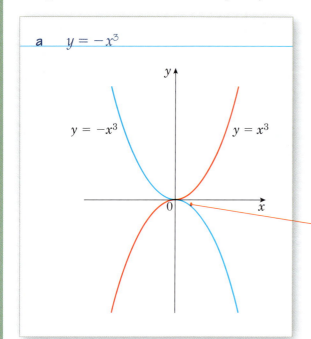

a $y = -x^3$

Nid oes angen i chi blotio unrhyw bwyntiau. Os byddwch yn sylweddoli bod cromlin $y = -x^3$ yn adlewyrchiad o gromlin $y = x^3$ yn echelin x, bydd hynny'n cyflymu pethau. Gallwch wirio hyn trwy edrych ar y gwerthoedd a ddefnyddir i fraslunio $y = x^3$. Felly, e.e. bydd $x = 2$ nawr yn cyfateb i $y = -8$ ar y gromlin $y = -x^3$.

Mae'r gromlin o hyd yn wastad yn (0, 0).

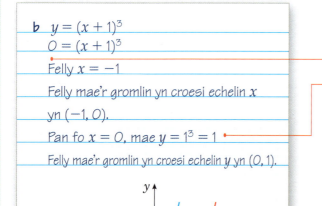

b $y = (x + 1)^3$

$0 = (x + 1)^3$

Felly $x = -1$

Felly mae'r gromlin yn croesi echelin x yn $(-1, 0)$.

Pan fo $x = 0$, mae $y = 1^3 = 1$

Felly mae'r gromlin yn croesi echelin y yn $(0, 1)$.

Rhowch $y = 0$ i ddarganfod ym mhle mae'r gromlin yn croesi echelin x.
Rhowch $x = 0$ i ddarganfod ym mhle mae'r gromlin yn croesi echelin y.

Mae gan y gromlin yr un siâp ag $y = x^3$.

Nid oes angen i chi wneud unrhyw waith cyfrifo os byddwch yn sylweddoli bod cromlin $y = (x + 1)^3$ yn drawsfudiad o -1 ar hyd echelin x y gromlin $y = x^3$.

Mae'r pwynt ffurfdro yn $(-1, 0)$.

c $y = (3 - x)^3$

$0 = (3 - x)^3$

Felly $x = 3$

Rhowch $y = 0$ i ddarganfod ym mhle mae'r gromlin yn croesi echelin x.

Felly mae'r gromlin yn croesi echelin x yn $(3, 0)$.

Pan fo $x = 0$, mae $y = 3^3 = 27$

Rhowch $x = 0$ i ddarganfod ym mhle mae'r gromlin yn croesi echelin y.

Felly mae'r gromlin yn croesi echelin y yn $(0, 27)$.

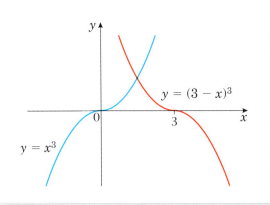

Gallwch ysgrifennu hafaliad y gromlin fel $y = [-(x - 3)]^3$ felly $y = -(x - 3)^3$ felly bydd siâp y gromlin yr un fath ag $y = -x^3$.

Nid oes angen i chi wneud unrhyw waith cyfrifo os byddwch yn sylweddoli bod cromlin $y = (3 - x)^3 = -(x - 3)^3$ yn drawsfudiad o $+3$ ar hyd echelin x y gromlin $y = -x^3$.

Mae'r pwynt ffurfdro yn $(3, 0)$.

Ymarfer 4B

1 Brasluniwch y cromliniau canlynol a dangoswch eu lleoliadau mewn perthynas â'r gromlin $y = x^3$:

a $y = (x - 2)^3$ **b** $y = (2 - x)^3$ **c** $y = (x - 1)^3$

ch $y = (x + 2)^3$ **d** $y = -(x + 2)^3$

2 Brasluniwch y canlynol a dangoswch gyfesurynnau'r pwyntiau lle mae'r cromliniau yn croesi'r echelinau:

a $y = (x + 3)^3$ **b** $y = (x - 3)^3$ **c** $y = (1 - x)^3$

ch $y = -(x - 2)^3$ **d** $y = -(x - \frac{1}{2})^3$

4.3 Mae angen i chi allu braslunio'r ffwythiant cilyddol $y = \dfrac{k}{x}$ lle mae k yn gysonyn.

Enghraifft 6

Brasluniwch y gromlin $y = \dfrac{1}{x}$ a'i hasymptotau.

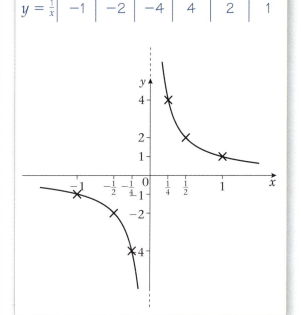

$$y = \frac{1}{x}$$

Pan fo $x = 0$, nid yw y yn cael ei ddiffinio.

Pan fo $y = 0$, nid yw x yn cael ei ddiffinio.

$x \to +\infty,\ y \to 0$

$x \to -\infty,\ y \to 0$

$y \to +\infty,\ x \to 0$

$y \to -\infty,\ x \to 0$

$$y = \frac{1}{x}$$

x	-1	$-\frac{1}{2}$	$-\frac{1}{4}$	$\frac{1}{4}$	$\frac{1}{2}$	1
$y = \frac{1}{x}$	-1	-2	-4	4	2	1

Nid yw'r gromlin yn croesi'r echelinau.

Mae'r gromlin yn agosáu at echelin x pan fo x yn fawr ac yn bositif neu'n fawr ac yn negatif. Mae echelin x yn asymptot llorweddol.

Mae'r gromlin yn agosáu at echelin y pan fo y yn fawr ac yn bositif neu'n fawr ac yn negatif. Mae echelin y yn asymptot fertigol.

Nid yw'r gromlin yn croesi echelin x nac echelin y. Mae angen i chi blotio rhai pwyntiau.

Gallwch lunio llinell doredig i ddangos asymptot. (Yn yr achos hwn yr echelinau yw'r asymptotau, ond gweler Enghraifft 11.)

■ Mae'r cromliniau $y = \dfrac{k}{x}$ yn perthyn i ddau gategori:

Math 1

$y = \dfrac{k}{x},\ k > 0$

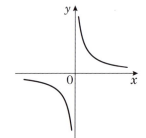

Math 2

$y = \dfrac{k}{x},\ k < 0$

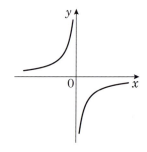

Enghraifft 7

Brasluniwch y canlynol ar yr un diagram:

a $y = \dfrac{4}{x}$ ac $y = \dfrac{12}{x}$ **b** $y = -\dfrac{1}{x}$ ac $y = -\dfrac{3}{x}$

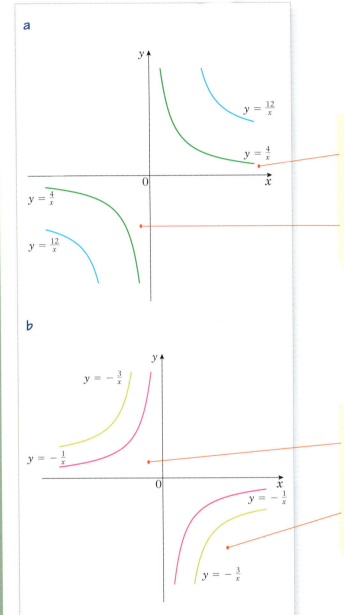

Bydd siâp y cromliniau hyn yn Fath 1.

Yn y pedrant hwn, $x > 0$
felly ar gyfer unrhyw werthoedd x: $\dfrac{12}{x} > \dfrac{4}{x}$

Yn y pedrant hwn, $x < 0$
felly ar gyfer unrhyw werthoedd x: $\dfrac{12}{x} < \dfrac{4}{x}$

Bydd siâp y cromliniau hyn yn Fath 2.

Yn y pedrant hwn, $x < 0$
felly ar gyfer unrhyw werthoedd x: $\dfrac{-3}{x} > \dfrac{-1}{x}$

Yn y pedrant hwn, $x > 0$
felly ar gyfer unrhyw werthoedd x: $\dfrac{-3}{x} < \dfrac{-1}{x}$

Ymarfer 4C

Defnyddiwch ddiagram ar wahân i fraslunio pob pâr o graffiau.

1 $y = \dfrac{2}{x}$ ac $y = \dfrac{4}{x}$ **2** $y = \dfrac{2}{x}$ ac $y = -\dfrac{2}{x}$ **3** $y = -\dfrac{4}{x}$ ac $y = -\dfrac{2}{x}$

4 $y = \dfrac{3}{x}$ ac $y = \dfrac{8}{x}$ **5** $y = -\dfrac{3}{x}$ ac $y = -\dfrac{8}{x}$

4.4 **Gallwch fraslunio cromliniau ffwythiannau i ddangos croestorfannau a datrysiadau hafaliadau.**

Enghraifft 8

a Ar yr un diagram brasluniwch gromliniau $y = x(x - 3)$ ac $y = x^2(1 - x)$.

b Darganfyddwch gyfesurynnau'r croestorfan.

a $\qquad y = x(x - 3)$ $\qquad\quad 0 = x(x - 3)$	Rhowch $y = 0$ a datryswch i ddarganfod x.
Felly $x = 0$ neu $x = 3$. Felly mae'r gromlin yn croesi echelin x yn $(0, 0)$ a $(3, 0)$.	
$\qquad\quad\ y = x^2(1 - x)$ $\qquad\quad 0 = x^2(1 - x)$	Rhowch $y = 0$ a datryswch i gael x i ddarganfod ym mhle mae'r gromlin yn croesi echelin x.
Felly $x = 0$ neu $x = 1$. Felly mae'r gromlin yn croesi echelin x yn $(0, 0)$ neu $(1, 0)$.	Mae'r gromlin yn croesi echelin y yn $(0, 0)$.
$x \to \infty,\ y \to -\infty$ $x \to -\infty,\ y \to +\infty$	Gwiriwch beth sy'n digwydd i y yn achos gwerthoedd x mawr positif a negatif.

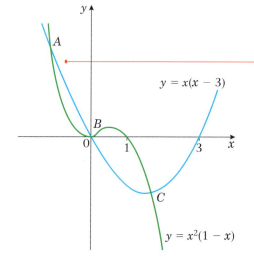

Mae cromlin giwbig bob amser yn fwy serth na chromlin gwadratig, felly bydd yn ei chroesi yn rhywle ar yr ochr hon i echelin y.

b O edrych ar y graff, mae tri phwynt lle mae'r cromliniau'n croesi, ac mae'r rhain wedi eu labelu A, B ac C. Rhoddir y cyfesurynnau x gan ddatrysiadau'r hafaliad.

$$x(x - 3) = x^2(1 - x)$$
$$x^2 - 3x = x^2 - x^3$$
$$x^3 - 3x = 0$$
$$x(x^2 - 3) = 0$$
$$x(x - \sqrt{3})(x + \sqrt{3}) = 0$$

Felly $x = -\sqrt{3}, 0, \sqrt{3}$

Gallwch ddefnyddio'r hafaliad $y = x^2(1 - x)$ i ddarganfod y cyfesurynnau y.

Felly mae'r pwynt lle mae x yn negatif yn A $(-\sqrt{3}, 3[1 + \sqrt{3}])$, mae B yn $(0, 0)$ ac C yw'r pwynt $(\sqrt{3}, 3[1 - \sqrt{3}])$.

Diddymwch y cromfachau (gweler Adran 1.3).

Casglwch y termau ar un ochr.

Ffactoriwch.

Ffactoriwch trwy ddefnyddio'r gwahaniaeth rhwng dau sgwâr.

Enghraifft 9

a Ar yr un diagram braslunniwch gromliniau $y = x^2(x - 1)$ ac $y = \dfrac{2}{x}$.

b Eglurwch sut y mae eich braslun yn dangos bod dau ddatrysiad i'r hafaliad $x^2(x - 1) - \dfrac{2}{x} = 0$.

a
$$y = x^2(x - 1)$$
$$0 = x^2(x - 1)$$

Felly $x = 0$ neu $x = 1$.

Felly mae'r gromlin yn croesi echelin x yn $(0, 0)$ ac $(1, 0)$.

$$x \rightarrow \infty, \ y \rightarrow \infty$$
$$x \rightarrow -\infty, \ y \rightarrow -\infty$$

Rhowch $y = 0$ a datryswch i ddarganfod x.

Mae'r gromlin yn croesi echelin y yn $(0, 0)$.

Gwiriwch beth sy'n digwydd i y yn achos gwerthoedd x mawr positif a negatif.

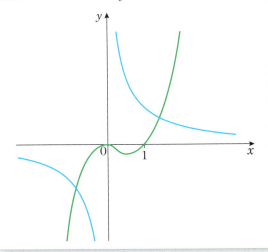

b O edrych ar y braslun dim ond dau groestorfan sydd gan y cromliniau.

Golyga hyn mai dau werth x yn unig sy'n bodloni

$$x^2(x-1) = \frac{2}{x}$$

neu $\quad x^2(x-1) - \frac{2}{x} = 0$

Felly mae gan yr hafaliad hwn ddau ddatrysiad.

Ni fyddai disgwyl i chi ddatrys yr hafaliad hwn yn C1.

Ymarfer 4Ch

1 Ym mhob achos:
  i brasluniwch y ddwy gromlin ar yr un echelinau
  ii nodwch nifer y croestorfannau
  iii ysgrifennwch hafaliad addas a fyddai'n rhoi cyfesurynnau x y pwyntiau hyn.
  (Nid oes disgwyl i chi ddatrys yr hafaliad hwn.)

a $y = x^2$, $y = x(x^2 - 1)$

b $y = x(x + 2)$, $y = -\frac{3}{x}$

c $y = x^2$, $y = (x + 1)(x - 1)^2$

ch $y = x^2(1 - x)$, $y = -\frac{2}{x}$

d $y = x(x - 4)$, $y = \frac{1}{x}$

dd $y = x(x - 4)$, $y = -\frac{1}{x}$

e $y = x(x - 4)$, $y = (x - 2)^3$

f $y = -x^3$, $y = -\frac{2}{x}$

ff $y = -x^3$, $y = x^2$

g $y = -x^3$, $y = -x(x + 2)$

Awgrym: Yn nghwestiwn 1dd, gwiriwch y pwynt $x = 2$ yn y ddwy gromlin.

2 **a** Ar yr un echelinau brasluniwch y cromliniau a roddir gan $y = x^2(x - 4)$ ac $y = x(4 - x)$.
  b Darganfyddwch gyfesurynnau'r croestorfannau.

3 **a** Ar yr un echelinau brasluniwch y cromliniau a roddir gan $y = x(2x + 5)$ ac $y = x(1 + x)^2$.
  b Darganfyddwch gyfesurynnau'r croestorfannau.

4 **a** Ar yr un echelinau brasluniwch y cromliniau a roddir gan $y = (x - 1)^3$ ac $y = (x - 1)(1 + x)$.
  b Darganfyddwch gyfesurynnau'r croestorfannau.

5 **a** Ar yr un echelinau brasluniwch y cromliniau a roddir gan $y = x^2$ ac $y = -\dfrac{27}{x}$.

   b Darganfyddwch gyfesurynnau'r croestorfan.

6 **a** Ar yr un echelinau brasluniwch y cromliniau a roddir gan $y = x^2 - 2x$ ac $y = x(x - 2)(x - 3)$.

   b Darganfyddwch gyfesurynnau'r croestorfan.

7 **a** Ar yr un echelinau brasluniwch y cromliniau a roddir gan $y = x^2(x - 3)$ ac $y = \dfrac{2}{x}$.

   b Eglurwch sut y mae eich braslun yn dangos mai dau ddatrysiad yn unig sydd i'r hafaliad $x^3(x - 3) = 2$.

8 **a** Ar yr un echelinau brasluniwch y cromliniau a roddir gan $y = (x + 1)^3$ ac $y = 3x(x - 1)$.

   b Eglurwch sut y mae eich braslun yn dangos mai un datrysiad yn unig sydd i'r hafaliad $x^3 + 6x + 1 = 0$.

9 **a** Ar yr un echelinau brasluniwch y cromliniau a roddir gan $y = \dfrac{1}{x}$ ac $y = -x(x - 1)^2$.

   b Eglurwch sut y mae eich braslun yn dangos nad oes datrysiadau i'r hafaliad $1 + x^2(x - 1)^2 = 0$.

10 **a** Ar yr un echelinau brasluniwch y cromliniau a roddir gan $y = 1 - 4x^2$ ac $y = x(x - 2)^2$.

   b Nodwch, gan roi rheswm, sawl datrysiad sydd i'r hafaliad $x^3 + 4x - 1 = 0$.

11 **a** Ar yr un echelinau brasluniwch y gromlin $y = x^3 - 3x^2 - 4x$ a'r llinell $y = 6x$.

   b Darganfyddwch gyfesurynnau'r croestorfannau.

12 **a** Ar yr un echelinau brasluniwch y gromlin $y = (x^2 - 1)(x - 2)$ a'r llinell $y = 14x + 2$.

   b Darganfyddwch gyfesurynnau'r croestorfannau.

13 **a** Ar yr un echelinau brasluniwch y cromliniau $y = (x - 2)(x + 2)^2$ ac $y = -x^2 - 8$.

   b Darganfyddwch gyfesurynnau'r croestorfannau.

4.5 Gallwch drawsffurfio cromlin ffwythiant f(x) trwy ddefnyddio trawsfudiadau syml yn y ffurf:
- f($x + a$) sef trawsfudiad llorweddol o $-a$
- f(x) + a sef trawsfudiad fertigol o $+a$.

Enghraifft 10

Brasluniwch gromliniau'r canlynol:

a f(x) = x^2 **b** g(x) = $(x - 2)^2$ **c** h(x) = $x^2 + 2$

a $f(x) = x^2$

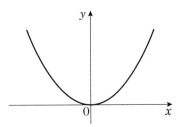

b $g(x) = (x - 2)^2$

Felly $g(x) = f(x - 2)$

Yma $a = -2$ felly mae $g(x)$ yn drawsfudiad llorweddol o $-(-2) = +2$ ar hyd echelin x.

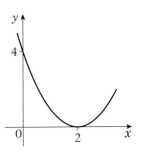

c $h(x) = x^2 + 2$

Felly $h(x) = f(x) + 2$

Yma $a = +2$ felly mae $h(x)$ yn drawsfudiad fertigol o $+2$ ar hyd echelin y.

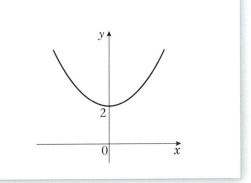

Enghraifft 11

a O wybod bod   **i** $f(x) = x^3$

             ii $g(x) = x(x - 2)$,

brasluniwch y cromliniau $y = f(x + 1)$ ac $g(x + 1)$ ac, ar y braslun, marciwch y pwyntiau lle mae'r cromliniau yn croesi'r echelinau.

b O wybod bod $h(x) = \dfrac{1}{x}$, brasluniwch gromlin $y = h(x) + 1$ a nodwch hafaliadau unrhyw asymptotau a chroestoriadau ar yr echelinau.

a

i Graff $f(x) = x^3$ yw

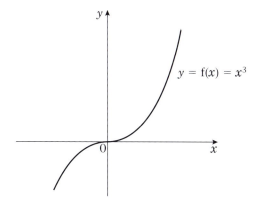

$y = f(x) = x^3$

Yn gyntaf brasluniwch $f(x)$.

Felly graff $y = f(x + 1)$ yw

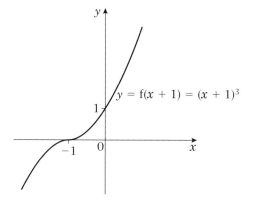

$y = f(x + 1) = (x + 1)^3$

Yma $a = +1$ felly mae'n drawsfudiad llorweddol o -1 ar hyd echelin x.

Yn yr achos hwn gellir darganfod yr hafaliadau newydd yn hawdd oherwydd $y = (x + 1)^3$ a gall hyn fod o gymorth wrth fraslunio.

ii $g(x) = x(x - 2)$

Y gromlin yw $y = x(x - 2)$

$0 = x(x - 2)$

Felly $x = 0$ neu $x = 2$

Felly mae'r gromlin yn croesi echelin x yn $(0, 0)$ a $(2, 0)$.

Rhowch $y = 0$ i ddarganfod ym mhle mae'r gromlin yn croesi echelin x.

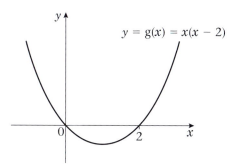

$y = g(x) = x(x - 2)$

Yn gyntaf brasluniwch $g(x)$.

Felly graff $y = g(x + 1)$ yw

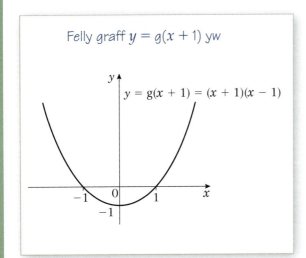

$y = g(x + 1) = (x + 1)(x - 1)$

$a = +1$ felly mae'n drawsfudiad llorweddol o -1 ar hyd echelin x.

Rydych yn darganfod yr hafaliad ar gyfer $g(x + 1)$ trwy roi $(x + 1)$ yn lle x yn yr hafaliad gwreiddiol. Felly,
$y = g(x + 1) = (x + 1)(x + 1 - 2) = (x + 1)(x - 1)$.

Gallwch weld bod hyn yn cyd-fynd â'r braslun. Nawr mae'r croestoriad ar echelin y yn $(0, -1)$.

b Graff $h(x) = \dfrac{1}{x}$ yw

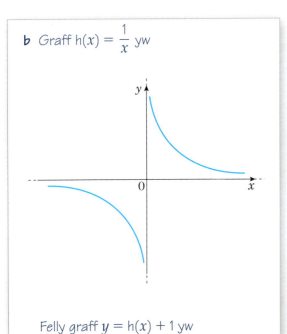

Yn gyntaf brasluniwch $h(x)$.

Felly graff $y = h(x) + 1$ yw

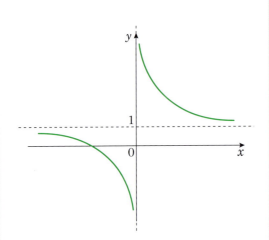

Yma $a = +1$ felly mae'n drawsfudiad fertigol o $+1$ ar hyd echelin y.

Mae'r gromlin yn croesi echelin x unwaith.

$$y = h(x) + 1 = \frac{1}{x} + 1$$

$$0 = \frac{1}{x} + 1$$

$$-1 = \frac{1}{x}$$

$$x = -1$$

Felly mae'r gromlin yn croestorri echelin

x yn $(-1, 0)$.

Yr asymptot llorweddol yw $y = 1$.

Yr asymptot fertigol yw $x = 0$.

Rhowch $y = 0$ i ddarganfod ym mhle mae'r gromlin yn croesi echelin x.

Ymarfer 4D

1   Lluniwch drawsffurfiadau canlynol y cromliniau $y = f(x)$ lle mae:

   i $f(x) = x^2$ **ii** $f(x) = x^3$ **iii** $f(x) = \frac{1}{x}$

   Ym mhob achos nodwch gyfesurynnau'r pwyntiau lle mae'r cromliniau'n croesi'r echelinau ac yn **iii** nodwch hafaliadau unrhyw asymptotau.

   a $f(x + 2)$ **b** $f(x) + 2$ **c** $f(x - 1)$
   ch $f(x) - 1$ **d** $f(x) - 3$ **dd** $f(x - 3)$

2   **a** Brasluniwch y gromlin $y = f(x)$ lle mae $f(x) = (x - 1)(x + 2)$.

   b Ar ddiagramau ar wahân brasluniwch y graffiau **i** $y = f(x+ 2)$ **ii** $y = f(x) + 2$.

   c Darganfyddwch hafaliadau'r cromliniau $y = f(x+ 2)$ ac $y = f(x)+ 2$, yn nhermau x, a defnyddiwch yr hafaliadau hyn i ddarganfod cyfesurynnau'r pwyntiau lle mae'r graffiau yn rhan **b** yn croesi'r echelin y.

3   **a** Brasluniwch y graff $y = f(x)$ lle mae $f(x) = x^2(1 - x)$.

   b Brasluniwch y gromlin $y = f(x + 1)$.

   c Trwy ddarganfod yr hafaliad $f(x + 1)$ yn nhermau x, darganfyddwch gyfesurynnau'r pwynt yn rhan **b** lle mae'r gromlin yn croesi'r echelin y.

4   **a** Brasluniwch y graff $y = f(x)$ lle mae $f(x) = x(x - 2)^2$.

   b Brasluniwch gromliniau $y = f(x) + 2$ ac $y = f(x + 2)$.

   c Darganfyddwch gyfesurynnau'r pwyntiau lle mae graff $y = f(x + 2)$ yn croesi'r echelinau.

5   **a** Brasluniwch y graff $y = f(x)$ lle mae $f(x) = x(x - 4)$.

   b Brasluniwch y cromliniau $y = f(x + 2)$ ac $y = f(x) + 4$.

   c Darganfyddwch hafaliadau'r cromliniau yn rhan **b** yn nhermau x a, thrwy hynny, darganfyddwch gyfesurynnau'r pwyntiau lle mae'r cromliniau yn croesi'r echelinau.

4.6 Gallwch drawsffurfio cromlin ffwythiant f(x) trwy ddefnyddio ymestyniadau syml yn y ffurfiau hyn:

● Mae f(ax) yn ymestyniad llorweddol, ffactor graddfa $\frac{1}{a}$, felly rydych yn lluosi cyfesurynnau x ag $\frac{1}{a}$ ac yn gadael cyfesurynnau y heb eu newid.

● Mae af(x) yn ymestyniad fertigol, ffactor graddfa a, felly rydych yn lluosi cyfesurynnau y ag a ac yn gadael cyfesurynnau x heb eu newid.

Enghraifft 12

O wybod bod f(x) = $9 - x^2$, brasluniwch y cromliniau canlynol:

a $y = $ f($2x$) **b** $y = 2$f(x)

---

a   f(x) = $9 - x^2$

Felly   f(x) = $(3 - x)(3 + x)$ ←————————— Gallwch ffactorio'r mynegiad.

Y gromlin yw $y = (3 - x)(3 + x)$

$0 = (3 - x)(3 + x)$ ←————————— Rhowch $y = 0$ i ddarganfod ym mhle mae'r gromlin yn croesi echelin x.

Felly $x = 3$ neu $x = -3$

Felly mae'r gromlin yn croesi echelin x yn (3, 0) a (−3, 0).

Pan fo $x = 0$, mae $y = 3 × 3 = 9$ ←————————— Rhowch $x = 0$ i ddarganfod ym mhle mae'r gromlin yn croesi echelin y.

Felly mae'r gromlin yn croesi echelin y yn (0, 9).

Cromlin $y = $ f(x) yw

Yn gyntaf, brasluniwch $y = $ f(x).

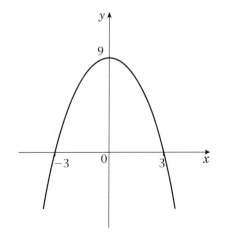

$y = f(2x)$ felly y gromlin yw

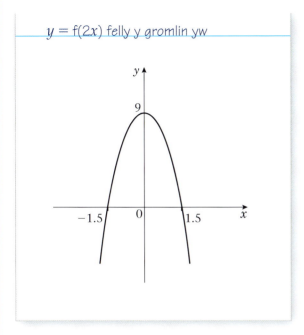

$y = f(ax)$ lle mae $a = 2$ felly mae'n ymestyniad llorweddol, ffactor graddfa $\frac{1}{2}$.

Gwiriad: Y gromlin yw $y = f(2x)$
Felly $y = (3 - 2x)(3 + 2x)$
Pan fo $y = 0$, mae $x = -1.5$ neu $x = 1.5$
Felly mae'r gromlin yn croesi echelin x yn $(-1.5, 0)$ ac $(1.5, 0)$.
Pan fo $x = 0$, mae $y = 9$
Felly mae'r gromlin yn croesi echelin y yn $(0, 9)$.

b $y = 2f(x)$

Felly y gromlin yw

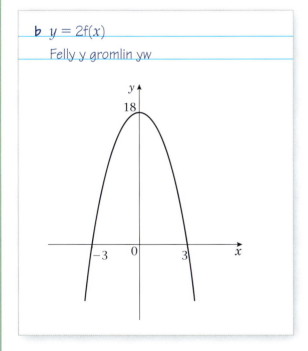

$y = af(x)$ lle mae $a = 2$ felly mae'n ymestyniad fertigol, ffactor graddfa 2.

Gwiriad: Y gromlin yw $y = 2f(x)$
Felly $y = 2(3 - x)(3 + x)$
Pan fo $y = 0$, mae $x = 3$ neu $x = -3$
Felly mae'r gromlin yn croesi echelin x yn $(-3, 0)$ a $(3, 0)$.
Pan fo $x = 0$, $y = 2 \times 9 = 18$
Felly mae'r gromlin yn croesi echelin y yn $(0, 18)$.

Enghraifft 13

a Ar yr un echelinau brasluniwch y graffiau $y = f(x)$, $y = 3f(x)$ ac $y = f(\frac{1}{3}x)$ lle mae:

   i $f(x) = x^3$ **ii** $f(x) = \dfrac{1}{x}$

b Ar yr un echelinau brasluniwch y graffiau $y = f(x)$, $y = -f(x)$ ac $y = f(-x)$ lle mae $f(x) = x(x + 2)$.

---

a i $f(x) = x^3$

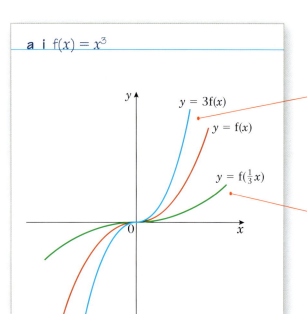

Mae $y = 3f(x)$ yn gywerth ag $y = 3x^3$ a bydd hon yn fwy serth nag $y = x^3$. Dyma ymestyniad fertigol o $f(x)$, ffactor graddfa 3.

Mae hyn yn gywerth ag $y = \dfrac{x^3}{27}$ a bydd yn llai serth nag $y = x^3$.

Mae hyn yn ymestyniad llorweddol o $f(x)$, ffactor graddfa 3.

ii $f(x) = \dfrac{1}{x}$

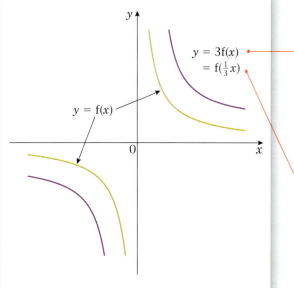

Bydd $y = \dfrac{3}{x}$ uwchben $y = \dfrac{1}{x}$.

$f(\frac{1}{3}x) = \dfrac{1}{\frac{1}{3}x} = \dfrac{3}{x}$ felly bydd y gromlin hon yr un fath ag $y = \dfrac{3}{x}$.

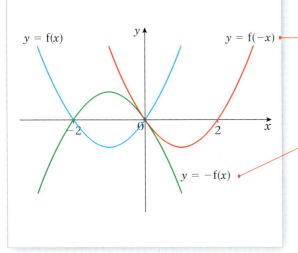

b $f(x) = x(x + 2)$

$y = f(x)$ $y = f(-x)$

$y = -f(x)$

Mae $y = f(-x)$ yn $y = (-x)(-x + 2)$ sy'n $y = x^2 - 2x$ neu $y = x(x - 2)$ ac mae hyn yn adlewyrchiad o'r gromlin wreiddiol yn echelin y.

Fel arall, lluoswch bob cyfesuryn x â -1 a gadewch gyfesurynnau y heb eu newid.

Mae $y = -f(x)$ yn $y = -x(x + 2)$ ac mae hyn yn adlewyrchiad o'r gromlin wreiddiol yn echelin x.

Fel arall cofiwch yn syml fod pob cyfesuryn y yn cael ei luosi â -1 a bod cyfesurynnau x yn aros yr un fath.

Ymarfer 4Dd

1 Lluniwch drawsffurfiadau canlynol y cromliniau $y = f(x)$ lle mae:

i $f(x) = x^2$ **ii** $f(x) = x^3$ **iii** $f(x) = \dfrac{1}{x}$

Ym mhob achos dangoswch $f(x)$ a'r trawsffurfiad ar yr un diagram.

a $f(2x)$	**b** $f(-x)$
c $f(\frac{1}{2}x)$	**ch** $f(4x)$
d $f(\frac{1}{4}x)$	**dd** $2f(x)$
e $-f(x)$	**f** $4f(x)$
ff $\frac{1}{2}f(x)$	**g** $\frac{1}{4}f(x)$

2 **a** Brasluniwch y gromlin $y = f(x)$ lle mae $f(x) = x^2 - 4$.

b Brasluniwch y graffiau $y = f(4x)$, $y = 3f(x)$, $y = f(-x)$ ac $y = -f(x)$.

3 **a** Brasluniwch gromlin $y = f(x)$ lle mae $f(x) = (x - 2)(x + 2)x$.

b Brasluniwch y graffiau $y = f(\frac{1}{2}x)$, $y = f(2x)$ ac $y = -f(x)$.

4 **a** Brasluniwch y gromlin $y = f(x)$ lle mae $f(x) = x^2(x - 3)$.

b Brasluniwch y cromliniau $y = f(2x)$, $y = -f(x)$ ac $y = f(-x)$.

5 **a** Brasluniwch y gromlin $y = f(x)$ lle mae $f(x) = (x - 2)(x - 1)(x + 2)$.

b Brasluniwch y cromliniau $y = f(2x)$ ac $f(\frac{1}{2}x)$.

4.7 Mae angen i chi allu llunio trawsffurfiadau syml ar fraslun penodol o ffwythiant.

Enghraifft 14

Mae'r diagram canlynol yn dangos braslun o gromlin f(x) sy'n mynd trwy'r tardd. Mae pwyntiau A(1, 4) a B(3, 1) hefyd ar y gromlin.

Brasluniwch y canlynol:

a $y = $ f($x + 1$)　　　**b** $y = $ f($x - 1$)　　　**c** $y = $ f(x) $- 4$

Ym mhob achos dylech ddangos cyfesurynnau delweddau pwyntiau O, A a B.

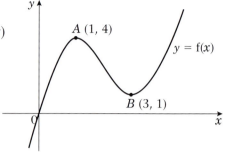

a f($x + 1$)

Symudwch f(x) 1 uned i'r chwith.

b f($x - 1$)

Mae hyn yn golygu symud f(x) 1 uned i'r dde.

c f(x) $- 4$

Symudwch f(x) 4 uned i lawr.

Ymarfer 4E

1 Mae'r diagram gyferbyn yn dangos braslun o'r gromlin $y = f(x)$. Mae pwyntiau $A(0, 2)$, $B(1, 0)$, $C(4, 4)$ ac $Ch(6, 0)$ ar y gromlin.

Brasluniwch y graffiau canlynol a rhowch gyfesurynnau pwyntiau A, B, C ac Ch ar ôl pob trawsffurfiad:

a $f(x + 1)$ **b** $f(x) - 4$ **c** $f(x + 4)$

ch $f(2x)$ **d** $3f(x)$ **dd** $f(\frac{1}{2}x)$

e $\frac{1}{2}f(x)$ **f** $f(-x)$

2 Mae'r gromlin $y = f(x)$ yn mynd trwy'r tardd ac mae ganddi asymptot llorweddol $y = 2$ ac asymptot fertigol $x = 1$, fel y gwelir yn y diagram.

Brasluniwch y graffiau canlynol a rhowch hafaliadau unrhyw asymptotau a hefyd, ar gyfer pob graff ac eithrio **a**, rhowch gyfesurynnau'r croestoriadau ar yr echelinau ar ôl pob trawsffurfiad.

a $f(x) + 2$ **b** $f(x + 1)$ **c** $2f(x)$

ch $f(x) - 2$ **d** $f(2x)$ **dd** $f(\frac{1}{2}x)$

e $\frac{1}{2}f(x)$ **f** $-f(x)$

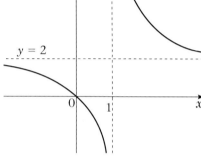

3 Mae cromlin $y = f(x)$ yn mynd trwy bwyntiau $A(-4, -6)$, $B(-2, 0)$, $C(0, -3)$ ac $Ch(4, 0)$ fel y gwelir yn y diagram.

Brasluniwch y canlynol a rhowch gyfesurynnau pwyntiau A, B, C ac Ch ar ôl pob trawsffurfiad.

a $f(x - 2)$ **b** $f(x) + 6$ **c** $f(2x)$

ch $f(x + 4)$ **d** $f(x) + 3$ **dd** $3f(x)$

e $\frac{1}{3}f(x)$ **f** $f(\frac{1}{4}x)$ **ff** $-f(x)$

g $f(-x)$

4 Dangosir braslun o gromlin $y = f(x)$ yn y diagram. Mae gan y gromlin asymptot fertigol, $x = -2$ ac asymptot llorweddol $y = 0$. Mae'r gromlin yn croesi echelin y yn $(0, 1)$.

a Ar ddiagramau ar wahân, brasluniwch graffiau'r canlynol:

   i $2f(x)$ **ii** $f(2x)$ **iii** $f(x - 2)$

   iv $f(x) - 1$ **v** $f(-x)$ **vi** $-f(x)$

   Ym mhob achos nodwch hafaliadau unrhyw asymptotau ac, os yw'n bosibl, y pwyntiau lle mae'r gromlin yn torri'r echelinau.

b Awgrymwch hafaliad posibl ar gyfer $f(x)$.

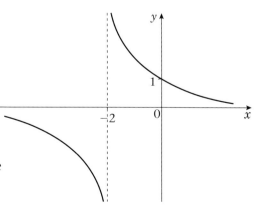

Ymarfer cymysg 4F

1 **a** Ar yr un echelinau brasluniwch y graffiau $y = x^2(x - 2)$ ac $y = 2x - x^2$.

   b Trwy ddatrys hafaliad addas darganfyddwch groestorfannau'r ddau graff.

2 **a** Ar yr un echelinau brasluniwch y cromliniau $y = \dfrac{6}{x}$ ac $y = 1 + x$.

   b Mae'r cromliniau yn croestorri ym mhwyntiau A a B. Darganfyddwch gyfesurynnau A a B.

   c Mae cromlin C, sydd â'r hafaliad $y = x^2 + px + q$, lle mae p a q yn gyfanrifau, yn mynd trwy A a B. Darganfyddwch werthoedd p a q.

   ch Ychwanegwch C at eich braslun.

3 Mae'r diagram yn dangos braslun o'r gromlin $y = f(x)$. Mae pwynt $B(0, 0)$ ar y gromlin ac mae pwynt $A(3, 4)$ yn bwynt macsimwm. Mae'r llinell $y = 2$ yn asymptot.

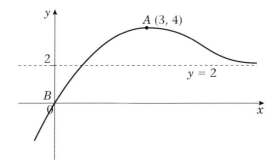

Brasluniwch y canlynol ac ym mhob achos rhowch gyfesurynnau lleoliadau newydd A a B a nodwch hafaliad yr asymptot:

a $f(2x)$ **b** $\tfrac{1}{2}f(x)$ **c** $f(x) - 2$

ch $f(x + 3)$ **d** $f(x - 3)$ **dd** $f(x) + 1$

4 Mae'r diagram yn dangos cromlin $y = 5 + 2x - x^2$ a llinell $y = 2$. Mae'r gromlin a'r llinell yn croestorri ym mhwyntiau A a B.

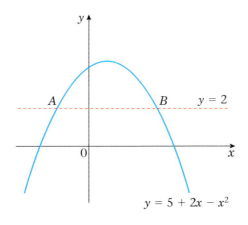

Darganfyddwch gyfesurynnau x A a B.

5 Mae'r gromlin $y = f(x)$ yn cyfarfod â'r echelinau cyfesurynnol ym mhwyntiau $(-1, 0)$, $(4, 0)$ a $(0, 3)$, fel y gwelir yn y diagram.

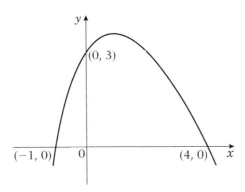

Gan ddefnyddio diagram ar wahân ar gyfer pob un, brasluniwch y cromliniau canlynol:

a $y = f(x - 1)$　　　**b** $y = -f(x)$

Ar y naill fraslun a'r llall, nodwch gyfesurynnau'r pwyntiau lle mae'r gromlin yn cyfarfod â'r echelinau cyfesurynnol.

6 Mae'r ffigur yn dangos braslun o'r gromlin $y = f(x)$.

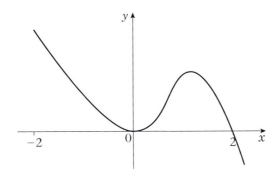

Mewn diagramau ar wahân, dangoswch, ar gyfer $-2 \leqslant x \leqslant 2$, frasluniadau o'r cromliniau canlynol:

a $y = f(-x)$　　　**b** $y = -f(x)$

Ar y naill fraslun a'r llall marciwch gyfesurynnau x unrhyw bwynt, neu bwyntiau, lle mae cromlin yn cyffwrdd neu'n croesi echelin x.

7 Mae'r diagram yn dangos graff y ffwythiant cwadratig, f. Mae'r graff yn cyfarfod ag echelin x yn $(1, 0)$ a $(3, 0)$ a'r pwynt minimwm yw $(2, -1)$.

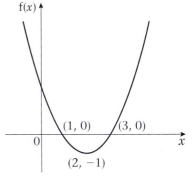

a Darganfyddwch hafaliad y graff yn y ffurf $y = f(x)$.

b Ar echelinau ar wahân, brasluniwch graffiau'r canlynol:
　i $y = f(x + 2)$　　　**ii** $y = f(2x)$

c Ar y naill graff a'r llall ysgrifennwch gyfesurynnau'r pwyntiau lle mae'r graff yn cyfarfod ag echelin x a nodwch gyfesurynnau'r pwynt minimwm.

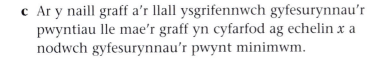

Crynodeb o'r pwyntiau allweddol

1   Dylech wybod siapiau'r cromliniau sylfaenol hyn:

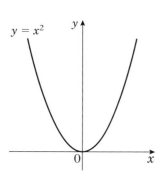

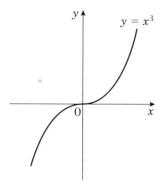

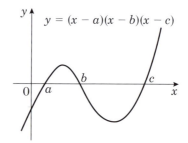

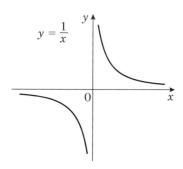

2   Trawsffurfiadau:

Mae f$(x + a)$ yn drawsfudiad o $-a$ i gyfeiriad x.

Mae f$(x) + a$ yn drawsfudiad o $+a$ i gyfeiriad y.

Mae f(ax) yn ymestyniad o $\dfrac{1}{a}$ i gyfeiriad x $\left(\text{lluosi cyfesurynnau } x \text{ ag } \dfrac{1}{a}\right)$.

Mae af(x) yn ymestyniad o a i gyfeiriad y (lluosi cyfesurynnau y ag a).

5 Geometreg gyfesurynnol yn y plân (x, y)

Mae'r bennod hon yn dangos i chi sut i ddatrys problemau sy'n ymwneud â llinellau syth.

5.1 Gallwch ysgrifennu hafaliad llinell syth yn y ffurf $y = mx + c$ neu $ax + by + c = 0$.

■ Yn y ffurf gyffredinol $y = mx + c$, m yw'r graddiant a $(0, c)$ yw'r rhyngdoriad ar echelin y.

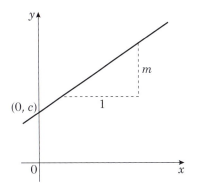

■ Yn y ffurf gyffredinol $ax + by + c = 0$, mae a, b ac c yn gyfanrifau.

Enghraifft 1

Ysgrifennwch raddiant a rhyngdoriad y llinellau hyn ar echelin y:

a $y = -3x + 2$ **b** $4x - 2y + 5 = 0$

---

a $y = -3x + 2$

Y graddiant $= -3$ a'r rhyngdoriad ar echelin $y = (0, 2)$.

> Cymharwch $y = -3x + 2$ ag $y = mx + c$. O hyn, $m = -3$ ac $c = 2$.

b $4x - 2y + 5 = 0$

$4x + 5 = 2y$

Felly $\quad 2y = 4x + 5$

$y = 2x + \frac{5}{2}$

Y graddiant $= 2$ a'r rhyngdoriad ar echelin $y = (0, \frac{5}{2})$.

> Aildrefnwch yr hafaliad yn y ffurf $y = mx + c$.
> Adiwch $2y$ at bob ochr.
> Rhowch y term sy'n cynnwys y ar ddechrau'r hafaliad.
> Rhannwch bob term â 2, fel bo:
> $$2y \div 2 = y$$
> $$4 \div 2 = 2$$
> $$5 \div 2 = \frac{5}{2}.$$
> (Peidiwch ag ysgrifennu hyn fel 2.5)
> Cymharwch $y = 2x + \frac{5}{2}$ ag $y = mx + c$. O hyn, $m = 2$ ac $c = \frac{5}{2}$.

Enghraifft 2

Ysgrifennwch y llinellau hyn yn y ffurf $ax + by + c = 0$:

a $y = 4x + 3$ **b** $y = -\frac{1}{2}x + 5$

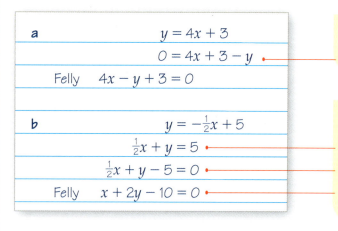

a	$y = 4x + 3$
	$0 = 4x + 3 - y$
Felly	$4x - y + 3 = 0$

Aildrefnwch yr hafaliad yn y ffurf $ax + by + c = 0$.
Tynnwch y o'r ddwy ochr.

b	$y = -\frac{1}{2}x + 5$
	$\frac{1}{2}x + y = 5$
	$\frac{1}{2}x + y - 5 = 0$
Felly	$x + 2y - 10 = 0$

Casglwch yr holl dermau ynghyd ar un ochr i'r hafaliad.
Adiwch $\frac{1}{2}x$ at y ddwy ochr.
Tynnwch 5 o'r ddwy ochr.
Lluoswch bob term â 2 i gael gwared ar y ffracsiwn.

Enghraifft 3

Mae llinell yn baralel i linell $y = \frac{1}{2}x - 5$ a'i rhyngdoriad ar echelin y yw $(0, 1)$. Ysgrifennwch hafaliad y llinell.

$$y = \frac{1}{2}x + 1$$

Cofiwch fod graddiant llinellau paralel yr un fath.

Cymharwch $y = \frac{1}{2}x - 5$ ag $y = mx + c$, felly $m = \frac{1}{2}$.

Graddiant y llinell sydd ei hangen $= \frac{1}{2}$.

Mae'r rhyngdoriad ar echelin y yn $(0, 1)$, felly $c = 1$.

Enghraifft 4

Mae llinell yn baralel i linell $6x + 3y - 2 = 0$ ac mae'n mynd trwy'r pwynt $(0, 3)$. Cyfrifwch hafaliad y llinell.

$6x + 3y - 2 = 0$
$3y - 2 = -6x$
$3y = -6x + 2$
$y = -2x + \frac{2}{3}$
Graddiant y llinell hon yw -2.
Hafaliad y llinell yw $y = -2x + 3$.

Aildrefnwch yr hafaliad yn y ffurf $y = mx + c$ i ddarganfod m.

Tynnwch $6x$ o'r ddwy ochr.

Adiwch 2 at y ddwy ochr.

Rhannwch bob term â 3, fel bo:
$$3y \div 3 = y$$
$$-6x \div 3 = -2x$$
$$2 \div 3 = \frac{2}{3}.$$
(Peidiwch ag ysgrifennu hyn fel degolyn.)

Cymharwch $y = -2x + \frac{2}{3}$ ag $y = mx + c$, felly $m = -2$.

Mae graddiant llinellau paralel yr un fath, felly graddiant y llinell sydd ei hangen $= -2$.

$(0, 3)$ yw'r rhyngdoriad ar echelin y, felly $c = 3$.

Enghraifft 5

Mae llinell $y = 4x - 8$ yn cyfarfod ag echelin x ym mhwynt P. Cyfrifwch gyfesurynnau P.

$$y = 4x - 8$$

Amnewid,

$$4x - 8 = 0$$
$$4x = 8$$
$$x = 2$$

Felly $P(2, 0)$.

Mae'r llinell yn cyfarfod ag echelin x pan fo $y = 0$, felly rhowch $y = 0$ yn yr hafaliad $y = 4x - 8$.

Aildrefnwch yr hafaliad i gael x.

Adiwch 8 at y ddwy ochr.

Rhannwch bob ochr â 4.

Cofiwch ysgrifennu cyfesurynnau'r pwynt bob amser.

Ymarfer 5A

1 Cyfrifwch raddiannau'r llinellau hyn:

   a $y = -2x + 5$ **b** $y = -x + 7$ **c** $y = 4 + 3x$

   ch $y = \frac{1}{3}x - 2$ **d** $y = -\frac{2}{3}x$ **dd** $y = \frac{5}{4}x + \frac{2}{3}$

   e $2x - 4y + 5 = 0$ **f** $10x - 5y + 1 = 0$ **ff** $-x + 2y - 4 = 0$

   g $-3x + 6y + 7 = 0$ **ng** $4x + 2y - 9 = 0$ **h** $9x + 6y + 2 = 0$

2 Mae'r llinellau hyn yn rhyngdorri echelin y yn $(0, c)$. Cyfrifwch werth c ym mhob achos.

   a $y = -x + 4$ **b** $y = 2x - 5$ **c** $y = \frac{1}{2}x - \frac{2}{3}$

   ch $y = -3x$ **d** $y = \frac{6}{7}x + \frac{7}{5}$ **dd** $y = 2 - 7x$

   e $3x - 4y + 8 = 0$ **f** $4x - 5y - 10 = 0$ **ff** $-2x + y - 9 = 0$

   g $7x + 4y + 12 = 0$ **ng** $7x - 2y + 3 = 0$ **h** $-5x + 4y + 2 = 0$

3 Ysgrifennwch y llinellau hyn yn y ffurf $ax + by + c = 0$.

   a $y = 4x + 3$ **b** $y = 3x - 2$ **c** $y = -6x + 7$

   ch $y = \frac{4}{5}x - 6$ **d** $y = \frac{5}{3}x + 2$ **dd** $y = \frac{7}{3}x$

   e $y = 2x - \frac{4}{7}$ **f** $y = -3x + \frac{2}{9}$ **ff** $y = -6x - \frac{2}{3}$

   g $y = -\frac{1}{3}x + \frac{1}{2}$ **ng** $y = \frac{2}{3}x + \frac{5}{6}$ **h** $y = \frac{3}{5}x + \frac{1}{2}$

4 Mae llinell yn baralel i linell $y = 5x + 8$ a'i rhyngdoriad ar echelin y yw $(0, 3)$. Ysgrifennwch hafaliad y llinell.

5 Mae llinell yn baralel i linell $y = -\frac{2}{5}x + 1$ a'i rhyngdoriad ar echelin y yw $(0, -4)$. Cyfrifwch hafaliad y llinell. Ysgrifennwch eich ateb yn y ffurf $ax + by + c = 0$, lle mae a, b ac c yn gyfanrifau.

6 Mae llinell yn baralel i linell $3x + 6y + 11 = 0$ a'i rhyngdoriad ar echelin y yw $(0, 7)$. Ysgrifennwch hafaliad y llinell.

7 Mae llinell yn baralel i linell $2x - 3y - 1 = 0$ ac mae'n mynd trwy'r pwynt $(0, 0)$. Ysgrifennwch hafaliad y llinell.

8 Mae llinell $y = 6x - 18$ yn cyfarfod ag echelin x ym mhwynt P. Cyfrifwch gyfesurynnau P.

9 Mae llinell $3x + 2y - 5 = 0$ yn cyfarfod ag echelin x ym mhwynt R. Cyfrifwch gyfesurynnau R.

10 Mae llinell $5x - 4y + 20 = 0$ yn cyfarfod ag echelin y ym mhwynt A ac ag echelin x ym mhwynt B. Cyfrifwch gyfesurynnau pwyntiau A a B.

5.2 Gallwch gyfrifo graddiant m y llinell sy'n cysylltu pwynt (x_1, y_1) â phwynt (x_2, y_2) trwy ddefnyddio'r fformiwla
$$m = \frac{y_2 - y_1}{x_2 - x_1}.$$

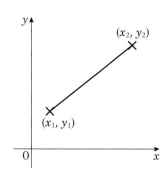

Enghraifft 6

Cyfrifwch raddiant y llinell sy'n cysylltu'r pwyntiau $(2, 3)$ a $(5, 7)$.

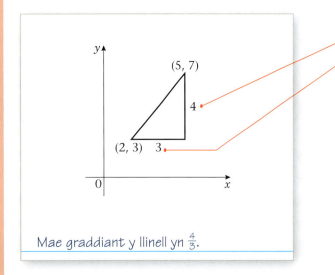

Mae graddiant y llinell yn $\frac{4}{3}$.

Lluniwch fraslun.

$7 - 3 = 4$

$5 - 2 = 3$

Cofiwch: graddiant llinell
$$= \frac{\text{gwahaniaeth cyfesurynnau } y}{\text{gwahaniaeth cyfesurynnau } x},$$

felly $m = \frac{7 - 3}{5 - 2}$.

Mae hyn yn $m = \frac{y_2 - y_1}{x_2 - x_1}$

lle mae $(x_1, y_1) = (2, 3)$

ac $(x_2, y_2) = (5, 7)$.

Enghraifft 7

Cyfrifwch raddiant y llinell sy'n cysylltu'r parau hyn o bwyntiau:

a $(-2, 7)$ a $(4, 5)$ **b** $(2d, -5d)$ a $(6d, 3d)$

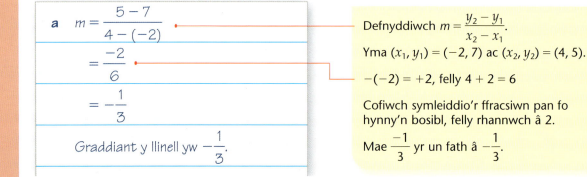

a $m = \dfrac{5 - 7}{4 - (-2)}$

$= \dfrac{-2}{6}$

$= -\dfrac{1}{3}$

Graddiant y llinell yw $-\dfrac{1}{3}$.

Defnyddiwch $m = \dfrac{y_2 - y_1}{x_2 - x_1}$.

Yma $(x_1, y_1) = (-2, 7)$ ac $(x_2, y_2) = (4, 5)$.

$-(-2) = +2$, felly $4 + 2 = 6$

Cofiwch symleiddio'r ffracsiwn pan fo hynny'n bosibl, felly rhannwch â 2.

Mae $\dfrac{-1}{3}$ yr un fath â $-\dfrac{1}{3}$.

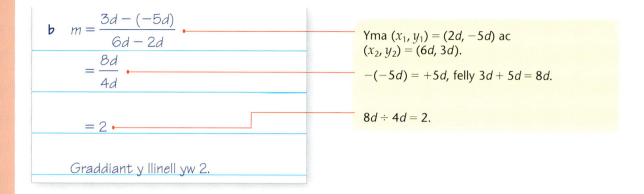

$$b \quad m = \frac{3d - (-5d)}{6d - 2d}$$

Yma $(x_1, y_1) = (2d, -5d)$ ac $(x_2, y_2) = (6d, 3d)$.

$$= \frac{8d}{4d}$$

$-(-5d) = +5d$, felly $3d + 5d = 8d$.

$$= 2$$

$8d \div 4d = 2$.

Graddiant y llinell yw 2.

Enghraifft 8

Mae graddiant y llinell sy'n cysylltu $(2, -5)$ a $(4, a)$ yn -1. Cyfrifwch werth a.

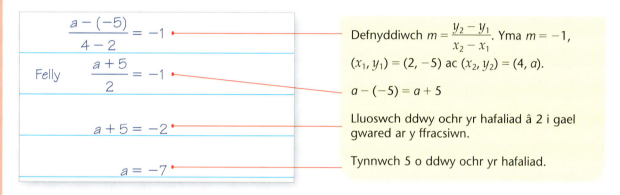

$$\frac{a - (-5)}{4 - 2} = -1$$

Defnyddiwch $m = \frac{y_2 - y_1}{x_2 - x_1}$. Yma $m = -1$, $(x_1, y_1) = (2, -5)$ ac $(x_2, y_2) = (4, a)$.

Felly $\dfrac{a + 5}{2} = -1$

$a - (-5) = a + 5$

Lluoswch ddwy ochr yr hafaliad â 2 i gael gwared ar y ffracsiwn.

$$a + 5 = -2$$

Tynnwch 5 o ddwy ochr yr hafaliad.

$$a = -7$$

Ymarfer 5B

1 Cyfrifwch raddiant y llinell sy'n cysylltu'r parau hyn o bwyntiau:

a $(4, 2), (6, 3)$ **b** $(-1, 3), (5, 4)$

c $(-4, 5), (1, 2)$ **ch** $(2, -3), (6, 5)$

d $(-3, 4), (7, -6)$ **dd** $(-12, 3), (-2, 8)$

e $(-2, -4), (10, 2)$ **f** $(\frac{1}{2}, 2), (\frac{3}{4}, 4)$

ff $(\frac{1}{4}, \frac{1}{2}), (\frac{1}{2}, \frac{2}{3})$ **g** $(-2.4, 9.6), (0, 0)$

ng $(1.3, -2.2), (8.8, -4.7)$ **h** $(0, 5a), (10a, 0)$

i $(3b, -2b), (7b, 2b)$ **l** $(p, p^2), (q, q^2)$

2 Mae graddiant y llinell sy'n cysylltu $(3, -5)$ a $(6, a)$ yn 4. Cyfrifwch werth a.

3 Mae graddiant y llinell sy'n cysylltu $(5, b)$ ac $(8, 3)$ yn -3. Cyfrifwch werth b.

4 Mae graddiant y llinell sy'n cysylltu $(c, 4)$ a $(7, 6)$ yn $\frac{3}{4}$. Cyfrifwch werth c.

5 Mae graddiant y llinell sy'n cysylltu $(-1, 2b)$ ac $(1, 4)$ yn $-\frac{1}{4}$. Cyfrifwch werth d.

6 Mae graddiant y llinell sy'n cysylltu $(-3, -2)$ a $(2e, 5)$ yn 2. Cyfrifwch werth e.

7 Mae graddiant y llinell sy'n cysylltu $(7, 2)$ ac $(f, 3f)$ yn 4. Cyfrifwch werth f.

8　Mae graddiant y llinell sy'n cysylltu $(3, -4)$ a $(-g, 2g)$ yn -3. Cyfrifwch werth g.

9　Dangoswch ei bod yn bosibl cysylltu pwyntiau $A(2, 3)$, $B(4, 4)$, $C(10, 7)$ â llinell syth. (Awgrym: Darganfyddwch raddiant y llinellau sy'n cysylltu'r pwyntiau canlynol: **i** A a B ac **ii** A ac C.)

10　Dangoswch fod pwyntiau $(-2a, 5a)$, $(0, 4a)$, $(6a, a)$ yn unllin (h.y. ar yr un llinell syth).

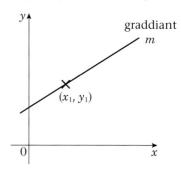

5.3 Gallwch ddarganfod hafaliad llinell, graddiant m, sy'n mynd trwy bwynt (x_1, y_1) trwy ddefnyddio'r fformiwla $y - y_1 = m(x - x_1)$.

Enghraifft 9

Darganfyddwch hafaliad y llinell, graddiant 5, sy'n mynd trwy'r pwynt $(3, 2)$.

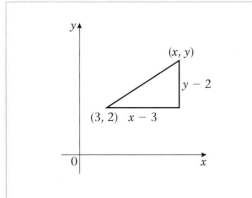

Graddiant = 5, felly $\dfrac{y - 2}{x - 3} = 5$.

$y - 2 = 5(x - 3)$

$y - 2 = 5x - 15$

$y = 5x - 13$

Mae (x, y) yn *unrhyw* bwynt ar y llinell.

Lluoswch ddwy ochr yr hafaliad ag $x - 3$ i gael gwared ar y ffracsiwn, fel bo:

$$\frac{y - 2}{x - 3} \times \frac{x - 3}{1} = y - 2$$

$$5 \times (x - 3) = 5(x - 3)$$

Mae hyn yn y ffurf $y - y_1 = m(x - x_1)$. Yma $m = 5$ ac $(x_1, y_1) = (3, 2)$.

Diddymwch y cromfachau.

Adiwch 2 at y ddwy ochr.

Enghraifft 10

Darganfyddwch hafaliad y llinell, graddiant $-\frac{1}{2}$, sy'n mynd trwy'r pwynt $(4, -6)$.

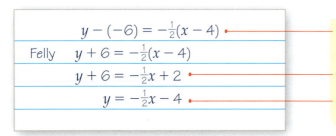

$y - (-6) = -\frac{1}{2}(x - 4)$

Felly　$y + 6 = -\frac{1}{2}(x - 4)$

$y + 6 = -\frac{1}{2}x + 2$

$y = -\frac{1}{2}x - 4$

Defnyddiwch $y - y_1 = m(x - x_1)$. Yma $m = -\frac{1}{2}$ ac $(x_1, y_1) = (4, -6)$.

Diddymwch y cromfachau. Cofiwch fod $-\frac{1}{2} \times -4 = +2$.

Tynnwch 6 o'r ddwy ochr.

Enghraifft 11

Mae'r llinell $y = 3x - 9$ yn cyfarfod ag echelin x ym mhwynt A. Darganfyddwch hafaliad y llinell, graddiant $\frac{2}{3}$, sy'n mynd trwy bwynt A. Ysgrifennwch eich ateb yn y ffurf $ax + by + c = 0$, lle mae a, b ac c yn gyfanrifau.

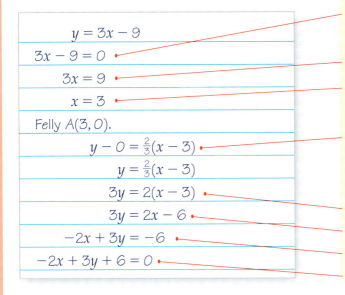

$$y = 3x - 9$$
$$3x - 9 = 0$$
$$3x = 9$$
$$x = 3$$
Felly $A(3, 0)$.
$$y - 0 = \tfrac{2}{3}(x - 3)$$
$$y = \tfrac{2}{3}(x - 3)$$
$$3y = 2(x - 3)$$
$$3y = 2x - 6$$
$$-2x + 3y = -6$$
$$-2x + 3y + 6 = 0$$

Mae'r llinell yn cyfarfod ag echelin x pan fo $y = 0$, felly rhowch $y = 0$ yn yr hafaliad $y = 3x - 9$.

Aildrefnwch yr hafaliad i ddarganfod x.

Cofiwch ysgrifennu cyfesurynnau'r pwynt bob tro.

Defnyddiwch $y - y_1 = m(x - x_1)$. Yma $m = \frac{2}{3}$ ac $(x_1, y_1) = (3, 0)$.

Aildrefnwch yr hafalid yn y ffurf $ax + by + c = 0$.

Lluoswch â 3 i gael gwared ar y ffracsiwn.

Diddymwch y cromfachau.

Tynnwch $2x$ o'r ddwy ochr.

Adiwch 6 at y ddwy ochr.

Ymarfer 5C

1 Darganfyddwch hafaliad y llinell, graddiant m, sy'n mynd trwy bwynt (x_1, y_1) lle mae:

a $m = 2$ ac $(x_1, y_1) = (2, 5)$

b $m = 3$ ac $(x_1, y_1) = (-2, 1)$

c $m = -1$ ac $(x_1, y_1) = (3, -6)$

ch $m = -4$ ac $(x_1, y_1) = (-2, -3)$

d $m = \frac{1}{2}$ ac $(x_1, y_1) = (-4, 10)$

dd $m = -\frac{2}{3}$ ac $(x_1, y_1) = (-6, -1)$

e $m = 2$ ac $(x_1, y_1) = (a, 2a)$

f $m = -\frac{1}{2}$ ac $(x_1, y_1) = (-2b, 3b)$

2 Mae'r llinell $y = 4x - 8$ yn cyfarfod ag echelin x ym mhwynt A. Darganfyddwch hafaliad y llinell, graddiant 3, sy'n mynd trwy bwynt A.

3 Mae'r llinell $y = -2x + 8$ yn cyfarfod ag echelin y ym mhwynt B. Darganfyddwch hafaliad y llinell, graddiant 2, sy'n mynd trwy bwynt B.

4 Mae'r llinell $y = \frac{1}{2}x + 6$ yn cyfarfod ag echelin x ym mhwynt C. Darganfyddwch hafaliad y llinell, graddiant $\frac{2}{3}$, sy'n mynd trwy bwynt C. Ysgrifennwch eich ateb yn y ffurf $ax + by + c = 0$, lle mae a, b ac c yn gyfanrifau.

5 Mae'r llinell $y = \frac{1}{4}x + 2$ yn cyfarfod ag echelin y ym mhwynt B. Cyfesurynnau pwynt C yw $(-5, 3)$. Darganfyddwch raddiant y llinell sy'n cysylltu pwyntiau B ac C.

6 Mae'r llinellau $y = x$ ac $y = 2x - 5$ yn croestorri ym mhwynt A. Darganfyddwch hafaliad y llinell, graddiant $\frac{2}{5}$, sy'n mynd trwy bwynt A. (Awgrym: Datryswch $y = x$ ac $y = 2x - 5$ yn gydamserol.)

7 Mae'r llinellau $y = 4x - 10$ ac $y = x - 1$ yn croestorri ym mhwynt T. Darganfyddwch hafaliad y llinell, graddiant $-\frac{2}{3}$, sy'n mynd trwy bwynt T. Ysgrifennwch eich ateb yn y ffurf $ax + by + c = 0$, lle mae a, b ac c yn gyfanrifau.

8 Mae graddiant llinell p yn $\frac{2}{3}$ ac mae'r llinell yn mynd trwy'r pwynt $(6, -12)$. Mae graddiant llinell q yn -1 ac mae hi'n mynd trwy'r pwynt $(5, 5)$. Mae llinell p yn cyfarfod ag echelin y yn A ac mae llinell q yn cyfarfod ag echelin x yn B. Cyfrifwch raddiant y llinell sy'n cysylltu pwyntiau A a B.

9 Mae'r llinell $y = -2x + 6$ yn cyfarfod ag echelin x ym mhwynt P. Mae llinell $y = \frac{3}{2}x - 4$ yn cyfarfod ag echelin y ym mhwynt Q. Darganfyddwch hafaliad y llinell sy'n cysylltu pwyntiau P a Q. (Awgrym: Yn gyntaf cyfrifwch raddiant y llinell sy'n cysylltu pwyntiau P a Q.)

10 Mae'r llinell $y = 3x - 5$ yn cyfarfod ag echelin x ym mhwynt M. Mae'r llinell $y = -\frac{2}{3}x + \frac{2}{3}$ yn cyfarfod ag echelin y ym mhwynt N. Darganfyddwch hafaliad y llinell sy'n cysylltu pwyntiau M ac N. Ysgrifennwch eich ateb yn y ffurf $ax + by + c = 0$, lle mae a, b ac c yn gyfanrifau.

> **5.4** **Gallwch ddarganfod hafaliad y llinell sy'n mynd trwy bwyntiau (x_1, y_1) ac (x_2, y_2) trwy ddefnyddio'r fformiwla $\dfrac{y - y_1}{y_2 - y_1} = \dfrac{x - x_1}{x_2 - x_1}$.**

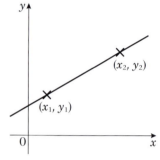

Enghraifft 12

Cyfrifwch raddiant y llinell sy'n mynd trwy'r pwyntiau $(5, 7)$ a $(3, -1)$ a, thrwy hynny, darganfyddwch hafaliad y llinell.

$$m = \frac{(-1) - 7}{3 - 5}$$

Defnyddiwch $m = \dfrac{y_2 - y_1}{x_2 - x_1}$.

Yma $(x_1, y_1) = (5, 7)$ ac $(x_2, y_2) = (3, -1)$.

$$= \frac{-8}{-2}$$

$-8 \div -2 = +4$

Felly $m = 4$.

$$y - 7 = 4(x - 5)$$

Defnyddiwch $y - y_1 = m(x - x_1)$.
Yma $m = 4$ ac $(x_1, y_1) = (5, 7)$.

$$y - 7 = 4x - 20$$

Diddymwch y cromfachau.

$$y = 4x - 13$$

Symleiddiwch a rhowch yn y ffurf $y = mx + c$.
Adiwch 7 at bob ochr.

Enghraifft 13

Defnyddiwch $\dfrac{y - y_1}{y_2 - y_1} = \dfrac{x - x_1}{x_2 - x_1}$ i ddarganfod hafaliad y llinell sy'n mynd trwy'r pwyntiau $(5, 7)$ a $(3, -1)$.

$$\frac{y - (-1)}{7 - (-1)} = \frac{x - 3}{5 - 3}$$

Defnyddiwch $\dfrac{y - y_1}{y_2 - y_1} = \dfrac{x - x_1}{x_2 - x_1}$.

Yma $(x_1, y_1) = (3, -1)$ ac $(x_2, y_2) = (5, 7)$.

Dewiswyd (x_1, y_1) ac (x_2, y_2) i wneud yr enwaduron yn bositif.

Felly $\dfrac{y + 1}{8} = \dfrac{x - 3}{2}$

Lluoswch y ddwy ochr ag 8 i gael gwared ar y ffracsiwn, fel bo:

$$8 \times \frac{y + 1}{8} = y + 1$$

$$y + 1 = 4(x - 3)$$

$$8 \times \frac{x - 3}{2} = 4(x - 3)$$

$$y + 1 = 4x - 12$$

Diddymwch y cromfachau.

$$y = 4x - 13$$

Tynnwch 1 o'r naill ochr a'r llall.

Enghraifft 14

Mae llinellau $y = 4x - 7$ a $2x + 3y - 21 = 0$ yn croestorri ym mhwynt A. Cyfesurynnau pwynt B yw $(-2, 8)$. Darganfyddwch hafaliad y llinell sy'n mynd trwy bwyntiau A a B. Ysgrifennwch eich ateb yn y ffurf $ax + by + c = 0$, lle mae a, b ac c yn gyfanrifau.

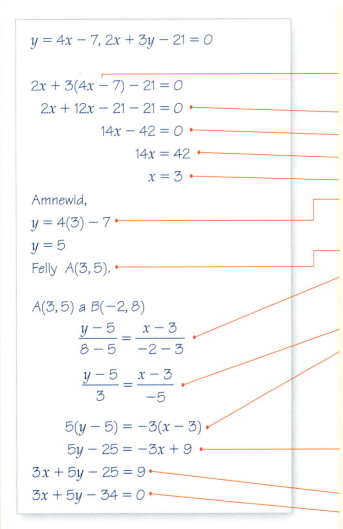

$y = 4x - 7$, $2x + 3y - 21 = 0$

Datryswch yr hafaliadau $y = 4x - 7$ a $2x + 3y - 21 = 0$ yn gydamserol i ddarganfod pwynt A.

$2x + 3(4x - 7) - 21 = 0$

Rhowch $y = 4x - 7$ yn lle y yn yr hafaliad $2x + 3y - 21 = 0$ i ddileu y.

$2x + 12x - 21 - 21 = 0$

Diddymwch y cromfachau.

$14x - 42 = 0$

Casglwch dermau tebyg.

$14x = 42$

Adiwch 42 at y ddwy ochr.

$x = 3$

Rhannwch bob term ag 14.

Amnewid,

$y = 4(3) - 7$

Rhowch 3 yn lle x yn un o'r ddau hafaliad i ddarganfod y. Mae'n haws gwneud hyn gydag $y = 4x - 7$.

$y = 5$

Felly $A(3, 5)$.

Ysgrifennwch gyfesurynnau A.

Defnyddiwch $\dfrac{y - y_1}{y_2 - y_1} = \dfrac{x - x_1}{x_2 - x_1}$.

$A(3, 5)$ a $B(-2, 8)$

Yma $(x_1, y_1) = (3, 5)$ ac $(x_2, y_2) = (-2, 8)$.

$$\frac{y - 5}{8 - 5} = \frac{x - 3}{-2 - 3}$$

Symleiddiwch yr enwaduron.

$$\frac{y - 5}{3} = \frac{x - 3}{-5}$$

Cofiwch gael gwared ar y ffracsiwn. Lluoswch bob ochr â 15 fel bo

$$15 \times \frac{y - 5}{3} = 5(y - 5)$$

$$5(y - 5) = -3(x - 3)$$

$$15 \times \frac{x - 3}{-5} = -3(x - 3)$$

$$5y - 25 = -3x + 9$$

Diddymwch y cromfachau.

$$-3 \times -3 = +9$$

$3x + 5y - 25 = 9$

Adiwch $3x$ at y ddwy ochr.

$3x + 5y - 34 = 0$

Tynnwch 9 o'r ddwy ochr.

Ymarfer 5Ch

1 Darganfyddwch hafaliad y llinell sy'n mynd trwy'r parau hyn o bwyntiau:

   a (2, 4) a (3, 8)

   b (0, 2) a (3, 5)

   c (−2, 0) a (2, 8)

   ch (5, −3) a (7, 5)

   d (3, −1) a (7, 3)

   dd (−4, −1) a (6, 4)

   e (−1, −5) a (−3, 3)

   f (−4, −1) a (−3, −9)

   ff $(\frac{1}{3}, \frac{2}{5})$ a $(\frac{2}{3}, \frac{4}{5})$

   g $(-\frac{3}{4}, \frac{1}{7})$ a $(\frac{1}{4}, \frac{3}{7})$

2 Mae'r llinell sy'n mynd trwy'r pwyntiau (2, −5) a (−7, 4) yn cyfarfod ag echelin x ym mhwynt P. Cyfrifwch gyfesurynnau pwynt P.

3 Mae'r llinell sy'n mynd trwy'r pwyntiau (−3, −5) a (4, 9) yn cyfarfod ag echelin y ym mhwynt G. Cyfrifwch gyfesurynnau pwynt G.

4 Mae'r llinell sy'n mynd trwy'r pwyntiau $(3, 2\frac{1}{2})$ a $(-1\frac{1}{2}, 4)$ yn cyfarfod ag echelin y ym mhwynt J. Cyfrifwch gyfesurynnau pwynt J.

5 Mae'r llinell $y = 2x - 10$ yn cyfarfod ag echelin x ym mhwynt A. Mae'r llinell $y = -2x + 4$ yn cyfarfod ag echelin y ym mhwynt B. Darganfyddwch hafaliad y llinell sy'n cysylltu pwyntiau A a B. (Awgrym: Yn gyntaf cyfrifwch gyfesurynnau pwyntiau A a B.)

6 Mae'r llinell $y = 4x + 5$ yn cyfarfod ag echelin y ym mhwynt C. Mae'r llinell $y = -3x - 15$ yn cyfarfod ag echelin x ym mhwynt D. Darganfyddwch hafaliad y llinell sy'n cysylltu pwyntiau C a D. Ysgrifennwch eich ateb yn y ffurf $ax + by + c = 0$, lle mae a, b ac c yn gyfanrifau.

7 Mae'r llinellau $y = x - 5$ ac $y = 3x - 13$ yn croestorri ym mhwynt S. Cyfesurynnau pwynt T yw (−4, 2). Darganfyddwch hafaliad y llinell sy'n mynd trwy bwyntiau S a T.

8 Mae'r llinellau $y = -2x + 1$ ac $y = x + 7$ yn croestorri ym mhwynt L. Cyfesurynnau pwynt M yw (−3, 1). Darganfyddwch hafaliad y llinell sy'n mynd trwy bwyntiau L ac M.

9 Cyfesurynnau fertigau triongl ABC yw $A(3, 5)$, $B(-2, 0)$ ac $C(4, -1)$. Darganfyddwch hafaliadau ochrau'r triongl.

10 Mae llinell V yn mynd trwy'r pwyntiau (−5, 3) a (7, −3) ac mae llinell W yn mynd trwy'r pwyntiau (2, −4) a (4, 2). Mae llinellau V ac W yn croestorri ym mhwynt A. Cyfrifwch gyfesurynnau pwynt A.

5.5 Gallwch gyfrifo graddiant llinell sy'n berpendicwlar i'r llinell $y = mx + c$.

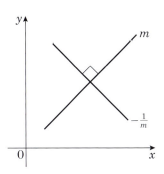

■ Os m yw graddiant llinell, mae graddiant llinell sy'n berpendicwlar iddi yn $-\dfrac{1}{m}$.

■ Os yw dwy linell yn berpendicwlar, mae lluoswm eu graddiannau yn -1.

Enghraifft 15

Cyfrifwch raddiant y llinell sy'n berpendicwlar i'r llinellau â'r graddiannau hyn:

a 3 **b** $\frac{1}{2}$ **c** $-\frac{2}{5}$

a $m = 3$

Felly mae graddiant y llinell berpendicwlar yn $-\frac{1}{3}$.

> Defnyddiwch $-\dfrac{1}{m}$ lle mae $m = 3$.

b $m = \frac{1}{2}$

Felly mae graddiant y llinell berpendicwlar yn

$$-\dfrac{1}{\left(\frac{1}{2}\right)}$$

$$= -\dfrac{2}{1}$$

$$= -2$$

> Defnyddiwch $-\dfrac{1}{m}$ lle mae $m = \dfrac{1}{2}$.
>
> Cofiwch $\dfrac{1}{\left(\frac{a}{b}\right)} = \dfrac{b}{a}$, felly $\dfrac{1}{\left(\frac{1}{2}\right)} = \dfrac{2}{1}$.

c $m = -\frac{2}{5}$

Felly mae graddiant y llinell berpendicwlar yn

$$-\dfrac{1}{\left(-\frac{2}{5}\right)}$$

$$= -\left(-\dfrac{5}{2}\right)$$

$$= \dfrac{5}{2}$$

> Defnyddiwch $-\dfrac{1}{m}$ lle mae $m = -\dfrac{2}{5}$.
>
> Yma $\dfrac{1}{\left(\frac{2}{5}\right)} = \dfrac{5}{2}$, felly $\dfrac{1}{\left(-\frac{2}{5}\right)} = -\dfrac{5}{2}$.
>
> $-1 \times -\dfrac{5}{2} = +\dfrac{5}{2}$

Enghraifft 16

Dangoswch fod y llinell $y = 3x + 4$ yn berpendicwlar i'r llinell $x + 3y - 3 = 0$.

$y = 3x + 4$
Mae graddiant y llinell hon yn 3.
$x + 3y - 3 = 0$
$3y - 3 = -x$
$3y = -x + 3$
$y = -\frac{1}{3}x + 1$
Mae graddiant y llinell hon yn $-\frac{1}{3}$.
$3 \times -\frac{1}{3} = -1$
Mae'r llinellau yn berpendicwlar oherwydd bod lluoswm eu graddiannau yn -1.

Cymharwch $y = 3x + 4$ ag $y = mx + c$, felly $m = 3$.

Aildrefnwch yr hafaliad yn y ffurf $y = mx + c$ i ddarganfod m.

Tynnwch x o'r ddwy ochr.

Adiwch 3 at y ddwy ochr.

Rhannwch bob term â 3.
$-x \div 3 = \dfrac{-x}{3} = -\frac{1}{3}x$.

Cymharwch $y = -\frac{1}{3}x + 1$ ag $y = mx + c$, felly $m = -\frac{1}{3}$.

Lluoswch raddiannau'r llinellau.

Enghraifft 17

Darganfyddwch p'un ai yw'r parau hyn o linellau yn baralel, yn berpendicwlar ynteu heb fod y naill na'r llall:

a $y = -2x + 9$
$y = -2x - 3$

b $3x - y - 2 = 0$
$x + 3y - 6 = 0$

c $y = \frac{1}{2}x$
$2x - y + 4 = 0$

a $y = -2x + 9$
Mae graddiant y llinell hon yn -2.
$y = -2x - 3$
Mae graddiant y llinell hon yn -2.
Felly mae'r llinellau yn baralel,
oherwydd bod y graddiannau yn hafal.

Cymharwch $y = -2x + 9$ ag $y = mx + c$, felly $m = -2$.

Cymharwch $y = -2x - 3$ ag $y = mx + c$, felly $m = -2$.

Cofiwch fod graddiant llinellau paralel yr un fath.

b $3x - y - 2 = 0$
$3x - 2 = y$
Felly $y = 3x - 2$
Mae graddiant y llinell hon yn 3.
$x + 3y - 6 = 0$
$3y - 6 = -x$
$3y = -x + 6$
$y = -\frac{1}{3}x + 2$
Mae graddiant y llinell hon yn $-\frac{1}{3}$.
Felly mae'r llinellau yn berpendicwlar oherwydd bod $3 \times -\frac{1}{3} = -1$.

Aildrefnwch yr hafaliad yn y ffurf $y = mx + c$.

Adiwch y at y ddwy ochr.

Cymharwch $y = 3x - 2$ ag $y = mx + c$, felly $m = 3$.

Tynnwch x o'r ddwy ochr.

Adiwch 6 at y ddwy ochr.

Rhannwch bob term â 3.

Cymharwch $y = -\frac{1}{3}x + 2$ ag $y = mx + c$, felly $m = -\frac{1}{3}$.

c $y = \frac{1}{2}x$

    Mae graddiant y llinell hon yn $\frac{1}{2}$.

> Cymharwch $y = \frac{1}{2}x$ ag $y = mx + c$, felly $m = \frac{1}{2}$.

$$2x - y + 4 = 0$$
$$2x + 4 = y$$
Felly $y = 2x + 4$

    Mae graddiant y llinell hon yn 2.

> Aildrefnwch yr hafaliad a'i roi yn y ffurf $y = mx + c$ i ddarganfod m.
>
> Adiwch y at y ddwy ochr.
>
> Cymharwch $y = 2x + 4$ ag $y = mx + c$, felly $m = 2$.

Nid yw'r llinellau yn baralel gan fod eu graddiannau yn wahanol.

Nid yw'r llinellau yn berpendicwlar oherwydd bod $\frac{1}{2} \times 2 = 1$.

Enghraifft 18

Darganfyddwch hafaliad y llinell sy'n mynd trwy'r pwynt $(3, -1)$ ac sy'n berpendicwlar i'r llinell $y = 2x - 4$.

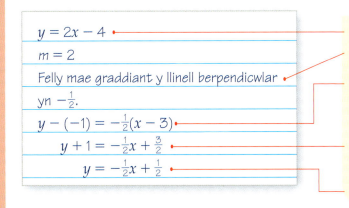

$$y = 2x - 4$$
$$m = 2$$
Felly mae graddiant y llinell berpendicwlar yn $-\frac{1}{2}$.
$$y - (-1) = -\frac{1}{2}(x - 3)$$
$$y + 1 = -\frac{1}{2}x + \frac{3}{2}$$
$$y = -\frac{1}{2}x + \frac{1}{2}$$

> Cymharwch $y = 2x - 4$ ag $y = mx + c$.
> Defnyddiwch y rheol $-\dfrac{1}{m}$ ag $m = 2$.
>
> Defnyddiwch $y - y_1 = m(x - x_1)$. Yma $m = -\frac{1}{2}$ ac $(x_1, y_1) = (3, -1)$.
>
> Diddymwch y cromfachau.
> $-\frac{1}{2} \times -3 = \frac{3}{2}$
>
> Tynnwch 1 o bob ochr, fel bo $\frac{3}{2} - 1 = \frac{1}{2}$.

Ymarfer 5D

1 Darganfyddwch p'un ai yw'r parau hyn o linellau yn baralel, yn berpendicwlar ynteu heb fod y naill na'r llall:

a $y = 4x + 2$
    $y = -\frac{1}{4}x - 7$

b $y = \frac{2}{3}x - 1$
    $y = \frac{2}{3}x - 11$

c $y = \frac{1}{5}x + 9$
    $y = 5x + 9$

ch $y = -3x + 2$
    $y = \frac{1}{3}x - 7$

d $y = \frac{3}{5}x + 4$
    $y = -\frac{5}{3}x - 1$

dd $y = \frac{5}{7}x$
    $y = \frac{5}{7}x - 3$

e $y = 5x - 3$
    $5x - y + 4 = 0$

f $5x - y - 1 = 0$
    $y = -\frac{1}{5}x$

ff $y = -\frac{3}{2}x + 8$
    $2x - 3y - 9 = 0$

g $4x - 5y + 1 = 0$
    $8x - 10y - 2 = 0$

ng $3x + 2y - 12 = 0$
    $2x + 3y - 6 = 0$

h $5x - y + 2 = 0$
    $2x + 10y - 4 = 0$

2 Darganfyddwch hafaliad y llinell sy'n mynd trwy'r pwynt $(6, -2)$ ac sy'n berpendicwlar i'r llinell $y = 3x + 5$.

3 Darganfyddwch hafaliad y llinell sy'n mynd trwy'r pwynt $(-2, 7)$ ac sy'n baralel i'r llinell $y = 4x + 1$. Ysgrifennwch eich ateb yn y ffurf $ax + by + c = 0$.

4 Darganfyddwch hafaliad y llinell:

   a sy'n baralel i'r llinell $y = -2x - 5$, sy'n mynd trwy $(-\frac{1}{2}, \frac{3}{2})$.

   b sy'n baralel i'r llinell $x - 2y - 1 = 0$, sy'n mynd trwy $(0, 0)$.

   c sy'n berpendicwlar i'r llinell $y = x - 4$, sy'n mynd trwy $(-1, -2)$.

   ch sy'n berpendicwlar i'r llinell $2x + y - 9 = 0$, sy'n mynd trwy $(4, -6)$.

5 Darganfyddwch hafaliad y llinell:

   a sy'n baralel i'r llinell $y = 3x + 6$, sy'n mynd trwy $(-2, 5)$.

   b sy'n berpendicwlar i'r llinell $y = 3x + 6$, sy'n mynd trwy $(-2, 5)$.

   c sy'n baralel i'r llinell $4x - 6y + 7 = 0$, sy'n mynd trwy $(3, 4)$.

   ch sy'n berpendicwlar i'r llinell $4x - 6y + 7 = 0$, sy'n mynd trwy $(3, 4)$.

6 Darganfyddwch hafaliad y llinell sy'n mynd trwy $(5, -5)$ ac sy'n berpendicwlar i'r llinell $y = \frac{2}{3}x + 5$. Ysgrifennwch eich ateb yn y ffurf $ax + by + c = 0$, lle mae a, b ac c yn gyfanrifau.

7 Darganfyddwch hafaliad y llinell sy'n mynd trwy $(-2, -3)$ ac sy'n berpendicwlar i'r llinell $y = -\frac{4}{7}x + 5$. Ysgrifennwch eich ateb yn y ffurf $ax + by + c = 0$, lle mae a, b ac c yn gyfanrifau.

8 Mae llinell r yn mynd trwy'r pwyntiau $(1, 4)$ a $(6, 8)$ ac mae llinell s yn mynd trwy'r pwyntiau $(5, -3)$ a $(20, 9)$. Dangoswch fod llinellau r ac s yn baralel.

9 Mae llinell l yn mynd trwy'r pwyntiau $(-3, 0)$ a $(3, -2)$ ac mae llinell n yn mynd trwy'r pwyntiau $(1, 8)$ a $(-1, 2)$. Dangoswch fod llinellau l ac n yn berpendicwlar.

10 Dyma gyfesurynnau fertigau pedrochr $ABCD$: $A(-1, 5)$, $B(7, 1)$, $C(5, -3)$, $D(-3, 1)$. Dangoswch fod y pedrochr yn betryal.

Ymarfer cymysg 5Dd

1 Cyfesurynnau pwyntiau A a B yw $(-4, 6)$ a $(2, 8)$ yn eu trefn. Mae llinell p yn cael ei llunio trwy B ac mae hon yn berpendicwlar i AB ac yn cyfarfod ag echelin y ym mhwynt C.

   a Darganfyddwch hafaliad llinell p.

   b Pennwch gyfesurynnau C.

A

2 Hafaliad llinell l yw $2x - y - 1 = 0$.

Mae llinell m yn mynd trwy bwynt $A(0, 4)$ ac mae'n berpendicwlar i linell l.

a Darganfyddwch hafaliad m a dangoswch fod llinellau l ac m yn croestorri ym mhwynt $P(2, 3)$.

Mae llinell n yn mynd trwy bwynt $B(3, 0)$ ac mae'n baralel i linell m.

b Darganfyddwch hafaliad n a thrwy hynny darganfyddwch gyfesurynnau pwynt Q lle mae llinellau l ac n yn croestorri. **A**

3 Mae graddiant llinell L_1 yn $\frac{1}{7}$ ac mae'r llinell yn mynd trwy bwynt $A(2, 2)$. Mae graddiant llinell L_2 yn -1 ac mae'r llinell yn mynd trwy bwynt $B(4, 8)$. Mae llinellau L_1 ac L_2 yn croestorri ym mhwynt C.

a Darganfyddwch hafaliad ar gyfer L_1 a hafaliad ar gyfer L_2.

b Pennwch gyfesurynnau C. **A**

4 Mae graddiant y llinell syth sy'n mynd trwy bwynt $P(2, 1)$ a phwynt $Q(k, 11)$ yn $-\frac{5}{12}$.

a Darganfyddwch hafaliad y llinell yn nhermau x ac y yn unig.

b Pennwch werth k. **A**

5 **a** Darganfyddwch hafaliad llinell l sy'n mynd trwy bwyntiau $A(1, 0)$ a $B(5, 6)$.

Mae llinell m, hafaliad $2x + 3y = 15$, yn cyfarfod ag l ym mhwynt C.

b Pennwch gyfesurynnau pwynt C. **A**

6 Mae llinell L yn mynd trwy bwyntiau $A(1, 3)$ a $B(-19, -19)$.

Darganfyddwch hafaliad llinell L yn y ffurf $ax + by + c = 0$, lle mae a, b ac c yn gyfanrifau. **A**

7 Mae llinell syth l_1 yn mynd trwy bwyntiau A a B, cyfesurynnau $(2, 2)$ a $(6, 0)$ yn eu trefn.

a Darganfyddwch hafaliad llinell l_1.

Mae'r llinell syth l_2 yn mynd trwy bwynt C $(-9, 0)$ ac mae ei graddiant yn $\frac{1}{4}$.

b Darganfyddwch hafaliad llinell l_2. **A**

8 Mae'r llinell syth l_1 yn mynd trwy bwyntiau A a B, cyfesurynnau $(0, -2)$ a $(6, 7)$ yn eu trefn.

a Darganfyddwch hafaliad llinell l_1 yn y ffurf $y = mx + c$.

Mae'r llinell syth l_2, hafaliad $x + y = 8$, yn torri echelin y ym mhwynt C. Mae llinellau l_1 ac l_2 yn croestorri ym mhwynt D.

b Cyfrifwch gyfesurynnau pwynt D.

c Cyfrifwch arwynebedd $\triangle ACD$. **A**

9 Cyfesurynnau pwyntiau A a B yw $(2, 16)$ ac $(12, -4)$ yn eu trefn. Mae'r llinell syth l_1 yn mynd trwy A a B.

a Darganfyddwch hafaliad ar gyfer l_1 yn y ffurf $ax + by = c$.

Mae llinell l_2 yn mynd trwy bwynt C $(-1, 1)$ ac mae ei graddiant yn $\frac{1}{3}$.

b Darganfyddwch hafaliad ar gyfer l_2. **A**

10 Fertigau $\triangle ABC$ yw pwyntiau $A(-1, -2)$, $B(7, 2)$ ac $C(k, 4)$, lle mae k yn gysonyn.
Mae ongl ABC yn ongl sgwâr.

  a Darganfyddwch raddiant AB.

  b Cyfrifwch werth k.

  c Darganfyddwch hafaliad y llinell syth sy'n mynd trwy B ac C.
Rhowch eich ateb yn y ffurf $ax + by + c = 0$, lle mae a, b ac c yn gyfanrifau. **A**

11 Mae'r llinell syth l yn mynd trwy $A(1, 3\sqrt{3})$ a $B(2 + \sqrt{3}, 3 + 4\sqrt{3})$.

  a Cyfrifwch raddiant l gan roi eich ateb fel swrd yn ei ffurf symlaf.

  b Rhowch hafaliad llinell l yn y ffurf $y = mx + c$, lle mae cysonion m ac c yn syrdiau
a roddir yn eu ffurf symlaf.

  c Dangoswch fod l yn cyfarfod ag echelin x ym mhwynt $C(-2, 0)$. **A**

12 **a** Darganfyddwch hafaliad y llinell syth sy'n mynd trwy'r pwyntiau $(-1, 5)$ a $(4, -2)$,
gan roi eich ateb yn y ffurf $ax + by + c = 0$, lle mae a, b ac c yn gyfanrifau.

  Mae'r llinell yn croesi echelin x ym mhwynt A ac echelin y ym mhwynt B, ac O yw'r
tardd.

  b Darganfyddwch arwynebedd $\triangle OAB$. **A**

13 Cyfesurynnau pwyntiau A a B yw $(k, 1)$ ac $(8, 2k - 1)$ yn eu trefn, lle mae k yn gysonyn.
O wybod bod graddiant AB yn $\frac{1}{3}$,

  a dangoswch fod $k = 2$.

  b darganfyddwch hafaliad y llinell sy'n mynd trwy A a B. **A**

14 Hafaliad y llinell syth l_1 yw $4y + x = 0$.
Hafaliad y llinell syth l_2 yw $y = 2x - 3$.

  a Ar yr un echelinau, brasluniwch graffiau l_1 ac l_2. Dangoswch yn glir gyfesurynnau'r
holl bwyntiau lle mae'r graffiau yn cyfarfod â'r echelinau cyfesurynnol.

  Mae llinellau l_1 ac l_2 yn croestorri ym mhwynt A.

  b Cyfrifwch gyfesurynnau A fel ffracsiynau union.

  c Darganfyddwch hafaliad y llinell sy'n mynd trwy A ac sy'n berpendicwlar i l_1.
Rhowch eich ateb yn y ffurf $ax + by + c = 0$, lle mae a, b ac c yn gyfanrifau. **A**

15 Cyfesurynnau pwyntiau A a B yw $(4, 6)$ ac $(12, 2)$ yn eu trefn.
Mae'r llinell syth l_1 yn mynd trwy A a B.

  a Darganfyddwch hafaliad ar gyfer l_1 yn y ffurf $ax + by + c = 0$, lle mae a, b ac c yn
gyfanrifau.

  Mae'r llinell syth l_2 yn mynd trwy'r tardd ac mae ei graddiant yn -4.

  b Ysgrifennwch hafaliad ar gyfer l_2.

  Mae llinellau l_1 ac l_2 yn croestorri ym mhwynt C.

  c Darganfyddwch gyfesurynnau C. **A**

Crynodeb o'r pwyntiau allweddol

1 • Yn y ffurf gyffredinol, hafaliad llinell syth yw

$y = mx + c,$

lle mae m yn cynrychioli'r graddiant a $(0, c)$ y rhyngdoriad ar echelin y.

• Yn y ffurf gyffredinol, hafaliad llinell syth yw

$ax + by + c = 0,$

lle mae a, b ac c yn gyfanrifau.

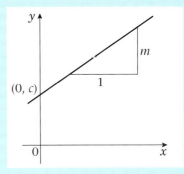

2 Gallwch gyfrifo graddiant m y llinell sy'n cysylltu pwynt (x_1, y_1) a phwynt (x_2, y_2) trwy ddefnyddio'r fformiwla

$$m = \frac{y_2 - y_1}{x_2 - x_1}$$

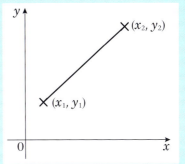

3 Gallwch ddarganfod hafaliad llinell, graddiant m, sy'n mynd trwy bwynt (x_1, y_1) trwy ddefnyddio'r fformiwla

$y - y_1 = m(x - x_1)$

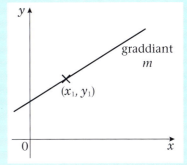

4 Gallwch ddarganfod hafaliad y llinell sy'n mynd trwy bwyntiau (x_1, y_1) ac (x_2, y_2) trwy ddefnyddio'r fformiwla

$$\frac{y - y_1}{y_2 - y_1} = \frac{x - x_1}{x_2 - x_1}$$

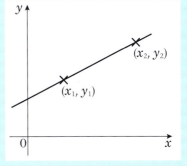

5 Os yw graddiant llinell yn m, mae graddiant llinell sy'n berpendicwlar iddi yn $\dfrac{-1}{m}$.

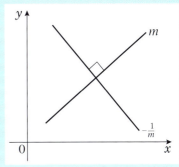

6 Os yw dwy linell yn berpendicwlar, mae lluoswm eu graddiannau yn -1.

Mae'r bennod hon yn dangos i chi sut y gellir cynhyrchu dilyniant o rifau, a sut i gyfrifo termau a symiau cyfresi rhifyddol.

6.1 Gelwir cyfres o rifau sy'n dilyn rheol benodol yn ddilyniant.
Mae 3, 7, 11, 15, 19, … yn enghraifft o ddilyniant.

■ Gelwir pob rhif mewn dilyniant yn derm.

Enghraifft 1

Cyfrifwch:

i y tri therm nesaf ym mhob un o'r dilyniannau canlynol a **ii** y rheol i ddarganfod y term nesaf.

a 14, 11, 8, 5, …   **b** 1, 2, 4, 8, …   **c** 1, 3, 7, 15, …

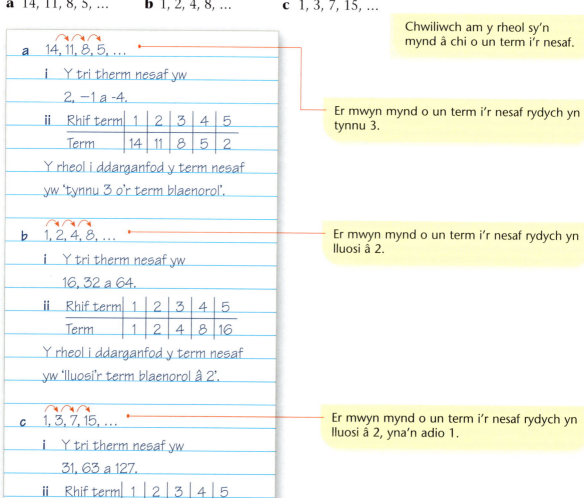

a 14, 11, 8, 5, …

Chwiliwch am y rheol sy'n mynd â chi o un term i'r nesaf.

  i Y tri therm nesaf yw
     2, −1 a -4.

Er mwyn mynd o un term i'r nesaf rydych yn tynnu 3.

  ii

Rhif term	1	2	3	4	5
Term	14	11	8	5	2

Y rheol i ddarganfod y term nesaf yw 'tynnu 3 o'r term blaenorol'.

b 1, 2, 4, 8, …

Er mwyn mynd o un term i'r nesaf rydych yn lluosi â 2.

  i Y tri therm nesaf yw
     16, 32 a 64.

  ii

Rhif term	1	2	3	4	5
Term	1	2	4	8	16

Y rheol i ddarganfod y term nesaf yw 'lluosi'r term blaenorol â 2'.

c 1, 3, 7, 15, …

Er mwyn mynd o un term i'r nesaf rydych yn lluosi â 2, yna'n adio 1.

  i Y tri therm nesaf yw
     31, 63 a 127.

  ii

Rhif term	1	2	3	4	5
Term	1	3	7	15	31

Y rheol i ddarganfod y term nesaf yw 'lluosi'r term blaenorol â 2 yna adio 1'.

Ymarfer 6A

Cyfrifwch y tri therm nesaf yn y dilyniannau canlynol. Nodwch y rheol i ddarganfod y term nesaf ym mhob achos:

1 4, 9, 14, 19, ...

2 2, −2, 2, −2, ...

3 30, 27, 24, 21, ...

4 2, 6, 18, 54, ...

5 4, −2, 1, $-\frac{1}{2}$, ...

6 1, 2, 5, 14, ...

7 1, 1, 2, 3, 5, ...

8 1, $\frac{2}{3}$, $\frac{3}{5}$, $\frac{4}{7}$, ...

9 4, 3, 2.5, 2.25, 2.125, ...

10 0, 3, 8, 15, ...

> **Awgrymiadau:**
> Cwestiwn 6 – Chwiliwch am ddau weithrediad.
> Cwestiwn 8 – Cofiwch drin y rhifiadur a'r enwadur ar wahân.

6.2 **Pan ydych yn gwybod fformiwla sy'n rhoi _n_fed term dilyniant (e.e. $U_n = 3n − 1$) gallwch ddefnyddio hon i ddarganfod unrhyw derm yn y dilyniant.**

■ Weithiau gelwir _n_fed term dilyniant yn derm cyffredinol.

Enghraifft 2

Rhoddir _n_fed term dilyniant gan $U_n = 3n − 1$.
Cyfrifwch y canlynol:

a Y term cyntaf.   **b** Y trydydd term.   **c** Yr 19fed term.

a $U_1 = 3 \times 1 − 1$	
$= 2$	Rhowch $n = 1$
b $U_3 = 3 \times 3 − 1$	
$= 8$	Rhowch $n = 3$
c $U_{19} = 3 \times 19 − 1$	
$= 56$	Rhowch $n = 19$

Enghraifft 3

Rhoddir _n_fed term dilyniant gan $U_n = \dfrac{n^2}{(n+1)}$.

Cyfrifwch y canlynol:

a Y tri therm cyntaf.   **b** Y 49fed term.

a $U_1 = \dfrac{1 \times 1}{1 + 1} = \dfrac{1}{2}$ (Rhowch $n = 1$)	Defnyddiwch $U_n = \dfrac{n^2}{n + 1}$
$U_2 = \dfrac{2 \times 2}{2 + 1} = \dfrac{4}{3}$ (Rhowch $n = 2$)	gydag $n = 1, 2$ a 3.
$U_3 = \dfrac{3 \times 3}{3 + 1} = \dfrac{9}{4}$ (Rhowch $n = 3$)	
b $U_n = \dfrac{49 \times 49}{49 + 1}$ (Rhowch $n = 49$)	Defnyddiwch $U_n = \dfrac{n^2}{n + 1}$ gydag $n = 49$.
$= \dfrac{2401}{50}$	

Enghraifft 4

Darganfyddwch werth n, pan yw gwerth penodol U_n yn:

a $U_n = 5n - 2$, $U_n = 153$

b $U_n = n^2 + 5$, $U_n = 149$

c $U_n = n^2 - 7n + 12$, $U_n = 72$

a $153 = 5n - 2$	Yma $U_n = 153$, felly rydym yn amnewid ac yn datrys yr hafaliad i gael n.
$155 = 5n$	Adiwch 2 at y ddwy ochr.
$n = 31$	Rhannwch â 5.
b $149 = n^2 + 5$	Yma $U_n = 149$.
$144 = n^2$	Tynnwch 5 o'r ddwy ochr.
$n = \pm 12$	Darganfyddwch yr ail isradd.
$n = 12$	Gall n fod yn bositif yn unig, felly $n = 12$.
c $72 = n^2 - 7n + 12$	Yma $U_n = 72$.
$0 = n^2 - 7n - 60$	
$0 = (n - 12)(n + 5)$	Datryswch yr hafaliad cwadratig drwy ffactorio.
$n = 12$ neu $n = -5$	
$n = 12$	Mae n yn bositif, felly derbyniwch $n = 12$ yn unig.

Enghraifft 5

Cynhyrchir dilyniant gan y fformiwla $U_n = an + b$ lle mae a a b yn gysonion y mae angen eu darganfod. O wybod bod $U_3 = 5$ ac $U_8 = 20$, darganfyddwch werthoedd cysonion a a b.

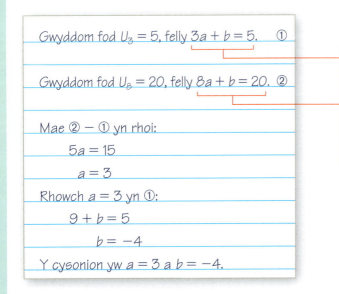

Gwyddom fod $U_3 = 5$, felly $3a + b = 5$. ①	Rhowch 3 yn lle n a 5 yn lle U_3 yn $U_n = an + b$.
Gwyddom fod $U_8 = 20$, felly $8a + b = 20$. ②	Rhowch 8 yn lle n a 20 yn lle U_8 yn $U_n = an + b$.
Mae ② − ① yn rhoi:	
$5a = 15$	Datryswch yn gydamserol.
$a = 3$	
Rhowch $a = 3$ yn ①:	
$9 + b = 5$	
$b = -4$	
Y cysonion yw $a = 3$ a $b = -4$.	

Ymarfer 6B

1 Darganfyddwch U_1, U_2, U_3 ac U_{10} y dilyniannau canlynol, lle mae:

   a $U_n = 3n + 2$ **b** $U_n = 10 - 3n$

   c $U_n = n^2 + 5$ **ch** $U_n = (n - 3)^2$

   d $U_n = (-2)^n$ **dd** $U_n = \dfrac{n}{n + 2}$

   e $U_n = (-1)^n \dfrac{n}{n + 2}$ **f** $U_n = (n - 2)^3$

2 Darganfyddwch werth n pan fo gwerth penodol U_n yn:

   a $U_n = 2n - 4$, $U_n = 24$ **b** $U_n = (n - 4)^2$, $U_n = 25$

   c $U_n = n^2 - 9$, $U_n = 112$ **ch** $U_n = \dfrac{2n + 1}{n - 3}$, $U_n = \dfrac{19}{6}$

   d $U_n = n^2 + 5n - 6$, $U_n = 60$ **dd** $U_n = n^2 - 4n + 11$, $U_n = 56$

   e $U_n = n^2 + 4n - 5$, $U_n = 91$ **f** $U_n = (-1)^n \dfrac{n}{n + 4}$, $U_n = \dfrac{7}{9}$

   ff $U_n = \dfrac{n^3 + 3}{5}$, $U_n = 13.4$ **g** $U_n = \dfrac{n^3}{5} + 3$, $U_n = 28$

3 Profwch fod $(2n + 1)$fed term dilyniant $U_n = n^2 - 1$ yn lluosrif 4.

4 Profwch fod termau'r dilyniant $U_n = n^2 - 10n + 27$ i gyd yn bositif. Beth yw gwerth n sy'n rhoi gwerth lleiaf U_n?

> **Awgrym:** Cwestiwn 4 – Cwblhewch y sgwâr.

5 Cynhyrchir dilyniant yn ôl y fformiwla $U_n = an + b$, lle mae a a b yn gysonion. O wybod bod $U_3 = 14$ ac $U_5 = 38$, darganfyddwch werthoedd a a b.

6 Cynhyrchir dilyniant yn ôl y fformiwla $U_n = an^2 + bn + c$, lle mae a, b ac c yn gysonion. Os yw $U_1 = 4$, $U_2 = 10$ ac $U_3 = 18$, darganfyddwch werthoedd a, b ac c.

7 Cynhyrchir dilyniant gan y fformiwla $U_n = pn^3 + q$, lle mae p a q yn gysonion. O wybod bod $U_1 = 6$ ac $U_3 = 19$, darganfyddwch werthoedd cysonion p a q.

6.3 **Pan wyddoch beth yw'r rheol i fynd o un term i'r nesaf, gallwch ddefnyddio'r wybodaeth hon i gynhyrchu perthynas gylchol (neu fformiwla gylchol).**

Edrychwch ar y dilyniant canlynol o rifau:

   5, 8, 11, 14, 17, ...

Gallwn ddisgrifio hwn â'r rheol 'adio 3 at y term blaenorol'.
Gallwn weld bod:

   $U_2 = U_1 + 3$
   $U_3 = U_2 + 3$
   $U_4 = U_3 + 3$
   ac ati.

Gellir disgrifio'r dilyniant hwn hefyd trwy ddefnyddio'r fformiwla gylchol:

$$U_{k+1} = U_k + 3 \quad (k \geqslant 1)$$

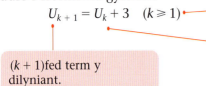

Mae'n gweithio ar gyfer pob gwerth k sy'n fwy na neu'n hafal i 1.

$k$fed term y dilyniant.

$(k + 1)$fed term y dilyniant.

Mae'n rhaid i chi nodi term cyntaf y dilyniant bob amser, oherwydd bod gan nifer o wahanol ddilyniannau yr un berthynas gylchol. Er enghraifft, gellid disgrifio'r dilyniant

    4, 7, 10, 13, 16, …

a'r dilyniant

    5, 8, 11, 14, 17, …

trwy ddefnyddio'r fformiwla gylchol $U_{k+1} = U_k + 3$, ond gallwn wahaniaethu rhyngddynt trwy nodi

    $U_{k+1} = U_k + 3$, $k \geqslant 1$ gydag $U_1 = 4$ yn yr enghraifft gyntaf

ond

    $U_{k+1} = U_k + 3$, $k \geqslant 1$ ac $U_1 = 5$ yn yr ail enghraifft.

■ **Gellir defnyddio perthynas gylchol i fynegi dilyniant. Er enghraifft, gellir ffurfio'r dilyniant 5, 9, 13, 17, … o $U_{n+1} = U_n + 4$, $U_1 = 5$ (rhaid rhoi U_1).**

Enghraifft 6

Darganfyddwch bedwar term cyntaf y dilyniannau canlynol:

a $U_{n+1} = U_n + 4$, $U_1 = 7$ **b** $U_{n+1} = U_n + 4$, $U_1 = 5$ **c** $U_{n+2} = 3U_{n+1} - U_n$, $U_1 = 4$ ac $U_2 = 2$

---

a $U_{n+1} = U_n + 4$, $U_1 = 7$

Gan roi $n = 1$, $U_2 = U_1 + 4 = 7 + 4 = 11$.

Gan roi $n = 2$, $U_3 = U_2 + 4 = 11 + 4 = 15$.

Gan roi $n = 3$, $U_4 = U_3 + 4 = 15 + 4 = 19$.

Y dilyniant yw 7, 11, 15, 19, …

Rhowch $n = 1$, 2 a 3. Gan fod U_1 yn cael ei roi i chi, mae'r term cyntaf gennych.

---

b $U_{n+1} = U_n + 4$, $U_1 = 5$

Gan roi $n = 1$, $U_2 = U_1 + 4 = 5 + 4 = 9$.

Gan roi $n = 2$, $U_3 = U_2 + 4 = 9 + 4 = 13$.

Gan roi $n = 3$, $U_4 = U_3 + 4 = 13 + 4 = 17$.

Y dilyniant yw 5, 9, 13, 17, …

Yr un fformiwla gylchol sydd yma. Mae'n cynhyrchu dilyniant gwahanol oherwydd bod U_1 yn wahanol.

---

c $U_{n+2} = 3U_{n+1} - U_n$, $U_1 = 4$, $U_2 = 2$.

Gan roi $n = 1$, $U_3 = 3U_2 - U_1 = 3 \times 2 - 4 = 2$.

Gan roi $n = 2$, $U_4 = 3U_3 - U_2 = 3 \times 2 - 2 = 4$.

Y dilyniant yw 4, 2, 2, 4, …

Mae'r fformiwla hon yn cysylltu tri therm. Yn syml, amnewidiwch gan roi gwerthoedd yn lle n er mwyn gweld sut mae'r berthynas yn gweithio.

Enghraifft 7

Mae dilyniant o dermau $\{U_n\}$, $n \geqslant 1$ yn cael ei ddiffinio gan y berthynas gylchol
$U_{n+2} = mU_{n+1} + U_n$ lle mae m yn gysonyn. O wybod hefyd fod $U_1 = 2$ ac $U_2 = 5$:

a darganfyddwch fyncgiad yn nhermau m ar gyfer U_3.

b darganfyddwch fynegiad yn nhermau m ar gyfer U_4.

O wybod bod gwerth $U_4 = 21$:

c darganfyddwch werthoedd posibl m.

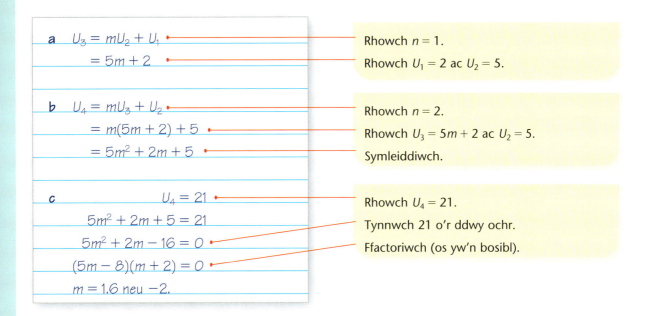

a $U_3 = mU_2 + U_1$ Rhowch $n = 1$.

      $= 5m + 2$ Rhowch $U_1 = 2$ ac $U_2 = 5$.

b $U_4 = mU_3 + U_2$ Rhowch $n = 2$.

      $= m(5m + 2) + 5$ Rhowch $U_3 = 5m + 2$ ac $U_2 = 5$.

      $= 5m^2 + 2m + 5$ Symleiddiwch.

c $U_4 = 21$ Rhowch $U_4 = 21$.

    $5m^2 + 2m + 5 = 21$ Tynnwch 21 o'r ddwy ochr.

    $5m^2 + 2m - 16 = 0$ Ffactoriwch (os yw'n bosibl).

    $(5m - 8)(m + 2) = 0$

    $m = 1.6$ neu -2.

Ymarfer 6C

1   Darganfyddwch bedwar term cyntaf y perthnasoedd cylchol canlynol:

   a $U_{n+1} = U_n + 3$, $U_1 = 1$ **b** $U_{n+1} = U_n - 5$, $U_1 = 9$

   c $U_{n+1} = 2U_n$, $U_1 = 3$ **ch** $U_{n+1} = 2U_n + 1$, $U_1 = 2$

   d $U_{n+1} = \dfrac{U_n}{2}$, $U_1 = 10$ **dd** $U_{n+1} = (U_n)^2 - 1$, $U_1 = 2$

   e $U_{n+2} = 2U_{n+1} + U_n$, $U_1 = 3$, $U_2 = 5$

2   Awgrymwch berthnasoedd cylchol posibl ar gyfer y dilyniannau canlynol (cofiwch nodi'r term cyntaf):

   a   3, 5, 7, 9, ...   **b**   20, 17, 14, 11, ...

   c   1, 2, 4, 8, ...   **ch**   100, 25, 6.25, 1.5625, ...

   d   1, −1, 1, −1, 1, ...   **dd**   3, 7, 15, 31, ...

   e   0, 1, 2, 5, 26, ...   **f**   26, 14, 8, 5, 3.5, ...

   ff   1, 1, 2, 3, 5, 8, 13, ...   **g**   4, 10, 18, 38, 74, ...

3 Trwy ysgrifennu'r pedwar term cyntaf neu fel arall, darganfyddwch y fformiwla gylchol sy'n diffinio'r dilyniannau canlynol:

a $U_n = 2n - 1$ **b** $U_n = 3n + 2$

c $U_n = n + 2$ **ch** $U_n = \dfrac{n + 1}{2}$

d $U_n = n^2$ **dd** $U_n = (-1)^n n$

4 Mae dilyniant o dermau $\{U_n\}$ yn cael ei ddiffinio ar gyfer $n \geqslant 1$ gan y berthynas gylchol $U_{n+1} = kU_n + 2$, lle mae k yn gysonyn. O wybod bod $U_1 = 3$:

a darganfyddwch fynegiad yn nhermau k ar gyfer U_2.

b Trwy wneud hyn darganfyddwch fynegiad ar gyfer U_3.

O wybod bod $U_3 = 42$:

c darganfyddwch werthoedd k posibl.

5 Mae dilyniant o dermau $\{U_k\}$ yn cael ei ddiffinio ar gyfer $k \geqslant 1$ gan y berthynas gylchol $U_{k+2} = U_{k+1} - pU_k$, lle mae p yn gysonyn. O wybod bod $U_1 = 2$ ac $U_2 = 4$:

a darganfyddwch fynegiad yn nhermau p ar gyfer U_3.

b Trwy wneud hyn darganfyddwch fynegiad yn nhermau p ar gyfer U_4.

O wybod hefyd fod U_4 yn ddwywaith gwerth U_3:

c darganfyddwch werth p.

6.4 Gelwir dilyniant sy'n cynyddu yn ôl swm cyson bob tro yn ddilyniant rhifyddol.

Mae'r canlynol yn enghreifftiau o ddilyniannau rhifyddol:

   3, 7, 11, 15, 19, ... (oherwydd eich bod yn adio 4 bob tro)
   2, 7, 12, 17, 22, ... (oherwydd eich bod yn adio 5 bob tro)
   17, 14, 11, 8, ... (oherwydd eich bod yn adio –3 bob tro)
   $a, a + d, a + 2d, a + 3d$, ... (oherwydd eich bod yn adio d bob tro)

■ Gelwir perthynas gylchol sydd yn y ffurf

   $U_{k+1} = U_k + n, \ k \geqslant 1 \ n \in \mathbb{Z}$

yn ddilyniant rhifyddol.

Enghraifft 8

Darganfyddwch **a** 10fed, **b** $n$fed ac **c** 50fed term y dilyniant rhifyddol 3, 7, 11, 15, 19, ...

Y dilyniant yw 3, 7, 11, 15, ...	Mae'r dilyniant yn tyfu fesul pedwar.
Term cyntaf = 3	Mae'n cychwyn ar 3.
Ail derm = 3 + 4	Y term cyntaf yw $3 + 0 \times 4$.
Trydydd term = 3 + 4 + 4	Yr ail derm yw $3 + 1 \times 4$.
Pedwerydd term = 3 + 4 + 4 + 4	Y trydydd term yw $3 + 2$ grŵp o 4.
	Y pedwerydd term yw $3 + 3$ grŵp o 4.

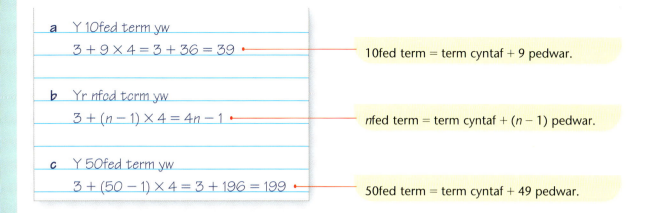

a Y 10fed term yw

$3 + 9 \times 4 = 3 + 36 = 39$

10fed term = term cyntaf + 9 pedwar.

b Yr *n*fed term yw

$3 + (n - 1) \times 4 = 4n - 1$

*n*fed term = term cyntaf + (*n* − 1) pedwar.

c Y 50fed term yw

$3 + (50 - 1) \times 4 = 3 + 196 = 199$

50fed term = term cyntaf + 49 pedwar.

Enghraifft 9

Mae coeden 6 metr o uchder yn cael ei phlannu mewn gardd.
Os yw hi'n tyfu 1.5 metr y flwyddyn:

a pa mor uchel fydd hi ar ôl bod yn yr ardd am wyth mlynedd?

b Ar ôl sawl blwyddyn fydd hi'n 24 metr o uchder?

a $6 + 8 \times 1.5$

Mae'n cychwyn ar 6 m.

8 mlynedd o dwf yn ôl 1.5 m y flwyddyn.

$= 6 + 12$

$= 18$ metr

b $24 - 6 = 18$ metr

Darganfyddwch gyfanswm ei thwf.

Felly nifer y blynyddoedd $= \dfrac{18}{1.5}$

Mae hi'n tyfu 1.5 metr y flwyddyn.

$= 12$ mlynedd

Enghraifft 10

Darganfyddwch nifer y termau sydd yn y dilyniant rhifyddol 7, 11, 15, …, 143:

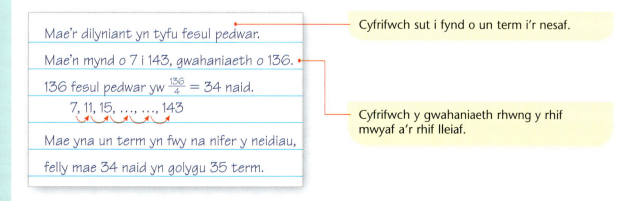

Mae'r dilyniant yn tyfu fesul pedwar.

Cyfrifwch sut i fynd o un term i'r nesaf.

Mae'n mynd o 7 i 143, gwahaniaeth o 136.

136 fesul pedwar yw $\frac{136}{4} = 34$ naid.

7, 11, 15, …, …, 143

Cyfrifwch y gwahaniaeth rhwng y rhif mwyaf a'r rhif lleiaf.

Mae yna un term yn fwy na nifer y neidiau,

felly mae 34 naid yn golygu 35 term.

Ymarfer 6Ch

1 Pa rai o'r dilyniannau canlynol sy'n rhifyddol?

    a   3, 5, 7, 9, 11, …   **b**   10, 7, 4, 1, …

    c $y, 2y, 3y, 4y, …$ **ch** 1, 4, 9, 16, 25, …

    d   16, 8, 4, 2, 1, …   **dd** 1, −1, 1, −1, 1, …

    e $y, y^2, y^3, y^4, …$ **f** $U_{n+1} = U_n + 2, U_1 = 3$

    ff $U_{n+1} = 3U_n − 2, U_1 = 4$ **g** $U_{n+1} = (U_n)^2, U_1 = 2$

    ng $U_n = n(n + 1)$ **h** $U_n = 2n + 3$

2 Darganfyddwch 10fed ac $n$fed term y dilyniannau rhifyddol canlynol:

    a 5, 7, 9, 11, …   **b**   5, 8, 11, 14, …

    c 24, 21, 18, 15, …   **ch** −1, 3, 7, 11, …

    d $x, 2x, 3x, 4x, …$ **dd** $a, a + d, a + 2d, a + 3d, …$

3 Mae merch yn buddsoddi £4000 mewn cyfrif. Bob mis ar ôl hynny mae hi'n rhoi £200 arall yn y cyfrif. Faint o arian fydd hi wedi ei fuddsoddi i gyd ar ddechrau **a** y 10fed mis a **b** yr $m$fed mis? (Nodwch: ar ddechrau'r 6ed mis dim ond 5 taliad o £200 fydd hi wedi ei wneud.)

4 Cyfrifwch nifer y termau sydd yn y dilyniannau rhifyddol canlynol:

    a 3, 7, 11, …, 83, 87   **b**   5, 8, 11, …, 119, 122

    c 90, 88, 86, …, 16, 14   **ch** 4, 9, 14, …, 224, 229

    d $x, 3x, 5x, …, 35x$ **dd** $a, a + d, a + 2d, …, a + (n − 1)d$

6.5 Mae cyfresi rhifyddol yn cael eu ffurfio trwy adio termau'r dilyniant rhifyddol, $U_1 + U_2 + U_3 + … + U_n$.

Mewn cyfres rhifyddol darganfyddir y term nesaf trwy adio (neu dynnu) rhif cyson.
Gelwir y rhif hwn yw wahaniaeth cyffredin d.
Cynrychiolir y term cyntaf gan a.

■ **Felly gellir rhoi pob cyfres rhifyddol yn y ffurf**

$$a + (a + d) + (a + 2d) + (a + 3d) + (a + 4d) + (a + 5d)$$

     Term 1af 2il derm 3ydd term 4ydd term 5ed term 6ed term

Edrychwch ar y berthynas sydd rhwng rhif y term a chyfernod d. Dylech allu gweld bod cyfernod d un yn llai na rhif y term.

Gallwn ddefnyddio'r ffaith hon i gynhyrchu fformiwla sy'n rhoi $n$fed term cyfres rhifyddol.

■ $n$fed term cyfres rhifyddol yw $a + (n − 1)d$. Yma a yw'r term cyntaf a d yw'r gwahaniaeth cyffredin.

Enghraifft 11

Darganfyddwch **i** 20fed a **ii** 50fed term y cyfresi canlynol:

a 4 + 7 + 10 + 13 + ...   **b** 100 + 93 + 86 + 79 + ...

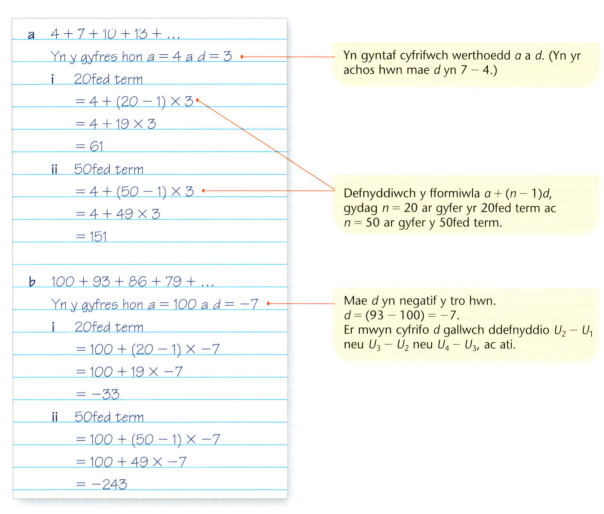

a 4 + 7 + 10 + 13 + ...

Yn y gyfres hon $a = 4$ a $d = 3$

Yn gyntaf cyfrifwch werthoedd a a d. (Yn yr achos hwn mae d yn $7 - 4$.)

i 20fed term

$= 4 + (20 - 1) \times 3$

$= 4 + 19 \times 3$

$= 61$

ii 50fed term

$= 4 + (50 - 1) \times 3$

$= 4 + 49 \times 3$

$= 151$

Defnyddiwch y fformiwla $a + (n - 1)d$, gydag $n = 20$ ar gyfer yr 20fed term ac $n = 50$ ar gyfer y 50fed term.

b 100 + 93 + 86 + 79 + ...

Yn y gyfres hon $a = 100$ a $d = -7$

i 20fed term

$= 100 + (20 - 1) \times -7$

$= 100 + 19 \times -7$

$= -33$

ii 50fed term

$= 100 + (50 - 1) \times -7$

$= 100 + 49 \times -7$

$= -243$

Mae d yn negatif y tro hwn.
$d = (93 - 100) = -7$.
Er mwyn cyfrifo d gallwch ddefnyddio $U_2 - U_1$ neu $U_3 - U_2$ neu $U_4 - U_3$, ac ati.

Enghraifft 12

Yn achos y gyfres rifyddol 5 + 9 + 13 + 17 + 21 + ... + 805:

a darganfyddwch nifer y termau.   **b** pa derm yn y gyfres fyddai 129?

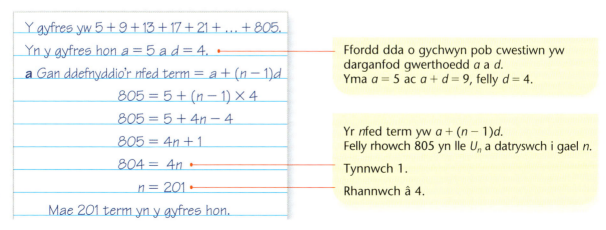

Y gyfres yw 5 + 9 + 13 + 17 + 21 + ... + 805.

Yn y gyfres hon $a = 5$ a $d = 4$.

a Gan ddefnyddio'r nfed term $= a + (n - 1)d$

$805 = 5 + (n - 1) \times 4$

$805 = 5 + 4n - 4$

$805 = 4n + 1$

$804 = 4n$

$n = 201$

Mae 201 term yn y gyfres hon.

Ffordd dda o gychwyn pob cwestiwn yw darganfod gwerthoedd a a d.
Yma $a = 5$ ac $a + d = 9$, felly $d = 4$.

Yr nfed term yw $a + (n - 1)d$.
Felly rhowch 805 yn lle U_n a datryswch i gael n.

Tynnwch 1.

Rhannwch â 4.

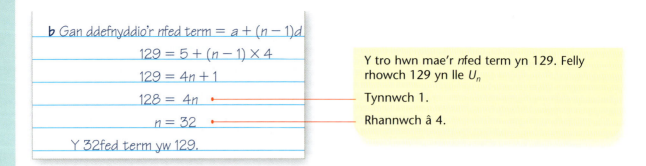

b Gan ddefnyddio'r $n$fed term $= a + (n - 1)d$
$$129 = 5 + (n - 1) \times 4$$
$$129 = 4n + 1$$
$$128 = 4n$$
$$n = 32$$
Y 32fed term yw 129.

> Y tro hwn mae'r $n$fed term yn 129. Felly rhowch 129 yn lle U_n
>
> Tynnwch 1.
>
> Rhannwch â 4.

Enghraifft 13

O wybod bod 3ydd term cyfres rifyddol yn 20 a'r 7fed term yn 12:

a darganfyddwch y term cyntaf.   **b** darganfyddwch yr 20fed term.

(Nodwch: Mae'r rhain yn gwestiynau poblogaidd iawn ac maen nhw'n golygu trefnu a datrys hafaliadau cydamserol.)

a 3ydd term $= 20$, felly $a + 2d = 20$. ①
7fed term $= 12$, felly $a + 6d = 12$. ②
Tynnu ① o ②:
$$4d = -8$$
$$d = -2$$
Y gwahaniaeth cyffredin yw -2.
$$a + 2 \times -2 = 20$$
$$a - 4 = 20$$
$$a = 24$$
Y term cyntaf yw 24.

> Defnyddiwch yr $n$fed term $= a + (n - 1)d$, gydag $n = 3$ ac $n = 7$.

> Rhowch -2 yn lle d yn hafaliad ①.
>
> Adiwch 4 at y ddwy ochr.

b 20fed term $= a + 19d$
$$= 24 + 19 \times -2$$
$$= 24 - 38$$
$$= -14$$
Yr 20fed term yw -14.

> Defnyddiwch yr $n$fed term $= a + (n - 1)d$ gydag $n = 20$.
>
> Rhowch $a = 24$ a $d = -2$.

Ymarfer 6D

1 Darganfyddwch **i** 20fed a **ii** $n$fed term y cyfresi rhifyddol canlynol:

a $2 + 6 + 10 + 14 + 18 \ldots$ **b** $4 + 6 + 8 + 10 + 12 + \ldots$

c $80 + 77 + 74 + 71 + \ldots$ **ch** $1 + 3 + 5 + 7 + 9 + \ldots$

d $30 + 27 + 24 + 21 + \ldots$ **dd** $2 + 5 + 8 + 11 + \ldots$

e $p + 3p + 5p + 7p + \ldots$ **f** $5x + x + (-3x) + (-7x) + \ldots$

2 Darganfyddwch nifer y termau sydd yn y cyfresi rhifyddol canlynol:

a $5 + 9 + 13 + 17 + \ldots + 121$ **b** $1 + 1.25 + 1.5 + 1.75 \ldots + 8$

c $-4 + -1 + 2 + 5 \ldots + 89$ **ch** $70 + 61 + 52 + 43 \ldots + -200$

d $100 + 95 + 90 + \ldots + (-1000)$ **dd** $x + 3x + 5x \ldots + 153x$

3 Term cyntaf cyfres rifyddol yw 14. Os 32 yw'r pedwerydd term, darganfyddwch y gwahaniaeth cyffredin.

4 O wybod bod 3ydd term cyfres rifyddol yn 30 a'r 10fed term yn 9 darganfyddwch a a d. Trwy wneud hyn darganfyddwch pa derm yw'r un cyntaf i ddod yn negatif.

5 Mewn cyfres rifyddol 14 yw'r 20fed term a -6 yw'r 40fed term. Darganfyddwch y 10fed term.

6 Tri therm cyntaf cyfres rifyddol yw $5x$, 20 a $3x$. Darganfyddwch werth x a, thrwy hynny, werthoedd y tri therm.

Awgrym: Cwestiwn 6 – Darganfyddwch ddau fynegiad sy'n hafal i'r gwahaniaeth cyffredin a'u rhoi yn hafal i'w gilydd.

7 Beth yw gwerthoedd x os yw -8, x^2 ac $17x$ yn dri therm cyntaf cyfres rifyddol?

6.6 Mae angen i chi allu darganfod swm cyfres rifyddol.

Mae'r dull hwn o ddarganfod y swm yn cael ei briodoli i fathemategydd enwog o'r enw Carl Friedrich Gauss (1777–1855). Yn ôl pob sôn datrysodd y broblem ganlynol tra oedd yn yr ysgol gynradd:

$1 + 2 + 3 + 4 + 5 + \ldots + 99 + 100$

Dyma sut y gallodd gyfrifo'r ateb:

Gadewch i $S = 1 + 2 + 3 + 4 \ldots + 98 + 99 + 100$

Gan gildroi'r swm $S = 100 + 99 + 98 + 97 \ldots + 3 + 2 + 1$

Gan adio'r ddau swm $2S = 101 + 101 + 101 + \ldots + 101 + 101 + 101$

$2S = 100 \times 101$

$S = (100 \times 101) \div 2$

$S = 5050$

Yn gyffredinol:

$S_n = a + (a + d) + (a + 2d) + \ldots + (a + (n - 2)d) + (a + (n - 1)d)$

Gan gildroi'r swm:

$S_n = (a + (n - 1)d) + (a + (n - 2)d) + (a + (n - 3)d) + \ldots + (a + d) + a$

Gan adio'r ddau swm:

$2S_n = 2a + (n - 1)d + 2a + (n - 1)d + \ldots + 2a + (n - 1)d$

$2S_n = n[2a + (n - 1)d]$

$S_n = \dfrac{n}{2}[2a + (n - 1)d]$

Awgrym: mae yna n grŵp o $2a + (n - 1)d$.

Profwch drosoch eich hun y gallai fod yn $S_n = \dfrac{n}{2}(a + L)$ lle mae $L = a + (n-1)d$.

■ Y fformiwla sy'n rhoi swm cyfres rifyddol yw

$$S_n = \dfrac{n}{2}[2a + (n-1)d]$$

neu $\quad S_n = \dfrac{n}{2}(a + L)$

lle mae *a* yn cynrychioli'r term cyntaf, *d* y gwahaniaeth cyffredin, *n* nifer y termau ac *L* y term olaf yn y gyfres.

> Mae'n bosibl y cewch gwestiwn lle gofynnir i chi brofi'r fformiwlâu hyn.

Enghraifft 14

Darganfyddwch swm y 100 odrif cyntaf.

$$S = 1 + 3 + 5 + 7 + \ldots$$
$$= \dfrac{n}{2}[2a + (n-1)d]$$
$$= \dfrac{100}{2}[2 \times 1 + (100-1)2]$$
$$= 50[2 + 198]$$
$$= 50 \times 200$$
$$= 10\,000$$

> Gellir darganfod hyn yn syml trwy ddefnyddio'r fformiwla
> $$S = \dfrac{n}{2}[2a + (n-1)d]$$
> gydag $a = 1$, $d = 2$ ac $n = 100$.

$$L = a + (n-1)d$$
$$= 1 + 99 \times 2$$
$$= 199$$
$$S = \dfrac{n}{2}(a + L)$$
$$= \dfrac{100}{2}(1 + 199)$$
$$= 10\,000$$

> Fel arall, darganfyddwch *L* a defnyddiwch
> $$S = \dfrac{n}{2}(a + L)$$
> Mae hon yn fformiwla ddefnyddiol iawn ac mae'n werth ei chofio.

Enghraifft 15

Darganfyddwch y nifer mwyaf o dermau sydd ei angen fel bo swm $4 + 9 + 14 + 19 + \ldots$ yn fwy na 2000.

> Cofiwch sefydlu beth sy'n cael ei roi i chi mewn cwestiwn. Gan eich bod yn adio termau positif, mae'n haws datrys yr hafaledd $S_n = 2000$.

$$4 + 9 + 14 + 19 + \ldots > 2000$$

Gan ddefnyddio $S = \dfrac{n}{2}[2a + (n-1)d]$

$$2000 = \frac{n}{2}[2 \times 4 + (n-1)5]$$

$$4000 = n(8 + 5n - 5)$$

$$4000 = n(5n + 3)$$

$$4000 = 5n^2 + 3n$$

$$0 = 5n^2 + 3n - 4000$$

$$n = \frac{-3 \pm \sqrt{(9 + 80\,000)}}{10}$$

$$= 27.9, \ -28.5$$

Mae angen 28 o dermau.

O wybod bod $a = 4$, $d = 5$ ac $S_n = 2000$, mae angen i chi ddarganfod n.

Rhowch y gwerthoedd hyn yn

$S = \dfrac{n}{2}[2a + (n-1)d]$.

Datryswch gan ddefnyddio'r fformiwla

$n = \dfrac{-b \pm \sqrt{(b^2 - 4ac)}}{2a}$.

Derbyniwch yr ateb positif a thalgrynnwch i fyny.

Enghraifft 16

Mae Robert yn cychwyn swydd newydd ar gyflog o £15 000. Addewir y bydd yn cael codiadau o £1000 y flwyddyn, ar ddiwedd pob blwyddyn, nes bydd yn cyrraedd ei gyflog uchaf o £25 000. Darganfyddwch gyfanswm ei enillion (er iddo gael ei benodi) ar ôl **a** 8 mlynedd gyda'r cwmni a **b** 14 mlynedd gyda'r cwmni.

a Cyfanswm enillion

$= £15\,000 + £16\,000 + \ldots$ (am 8 mlynedd)

$a = 15\,000$, $d = 1000$ ac $n = 8$

$$S = \frac{n}{2}[2a + (n-1)d]$$

$$S = \frac{8}{2}[30\,000 + 7 \times 1000]$$

$$= £148\,000$$

b Cyfanswm enillion

$= £15\,000 + £16\,000 + \ldots + £25\,000$
$+ £25\,000 + £25\,000 + £25\,000$

$a = 15\,000$, $d = 1000$ ac

$n = 11$ am yr 11 blwyddyn gyntaf.

$$S = \frac{n}{2}[2a + (n-1)d]$$

$$S = \frac{11}{2}[30\,000 + 10 \times 1000]$$

$$= £220\,000$$

3 blynedd ar £25 000 = £75 000.

Cyfanswm enillion = £295 000.

Nodwch y bydd hi'n cymryd 11 mlynedd i Robert gyrraedd ei uchafswm (ei flwyddyn gyntaf a 10 codiad cyflog).

Ysgrifennwch yr hyn a wyddoch.

Defnyddiwch $S = \dfrac{n}{2}[2a + (n-1)d]$

Y tro hwn mae 10 mlynedd o godiadau, sy'n dod ag ef at ddiwedd ei 11fed blwyddyn, a 3 blynedd ar yr un cyflog.

Defnyddiwch $S = \dfrac{n}{2}[2a + (n-1)d]$ ar gyfer yr 11 blwyddyn gyntaf.

Enghraifft 17

Dangoswch fod swm yr *n* rhif naturiol cyntaf yn $\frac{1}{2}n(n + 1)$.

$S = 1 + 2 + 3 + 4 + \dots + n$

Mae hon yn gyfres rifyddol lle mae

$a = 1$, $d = 1$, $n = n$.

$$S = \frac{n}{2}[2a + (n - 1)d]$$

$$S = \frac{n}{2}[2 \times 1 + (n - 1) \times 1]$$

$$S = \frac{n}{2}(2 + n - 1)$$

$$S = \frac{n}{2}(n + 1)$$

$$= \frac{1}{2}n(n + 1)$$

Defnyddiwch $S = \frac{n}{2}[2a + (n - 1)d]$

gydag $a = 1$, $d = 1$ ac $n = n$.

Ymarfer 6Dd

1 Darganfyddwch symiau'r cyfresi canlynol:

   a $3 + 7 + 11 + 14 + \dots$ (20 term)   **b** $2 + 6 + 10 + 14 + \dots$ (15 term)

   c $30 + 27 + 24 + 21 + \dots$ (40 term)   **ch** $5 + 1 + -3 + -7 + \dots$ (14 term)

   d $5 + 7 + 9 + \dots + 75$ **dd** $4 + 7 + 10 + \dots + 91$

   e $34 + 29 + 24 + 19 + \dots + -111$ **f** $(x + 1) + (2x + 1) + (3x + 1) + \dots + (21x + 1)$

2 Darganfyddwch sawl term sydd ei angen yn y cyfresi canlynol i wneud y swm a roddir:

   a $5 + 8 + 11 + 14 + \dots = 670$ **b** $3 + 8 + 13 + 18 + \dots = 1575$

   c $64 + 62 + 60 + \dots = 0$ **ch** $34 + 30 + 26 + 22 + \dots = 112$

3 Darganfyddwch swm y 50 eilrif cyntaf.

4 Mae Carol yn cychwyn swydd newydd ar gyflog o £20 000. Bydd yn cael codiad cyflog o £500 ar ddiwedd pob blwyddyn nes bydd hi'n cyrraedd ei chyflog macsimwm, sef £25 000. Darganfyddwch gyfanswm yr arian fydd hi'n ei ennill (gan gymryd na fydd yn cael codiadau eraill), **a** yn y 10 mlynedd cyntaf a **b** dros gyfnod o 15 mlynedd.

5 Darganfyddwch swm lluosrifau 3 sy'n llai na 100. Trwy wneud hyn neu fel arall, darganfyddwch swm y rhifau sy'n llai na 100 nad ydynt yn lluosrifau 3.

6 Mae Jâms yn penderfynu cynilo rhywfaint o arian yn ystod ei 6 wythnos o wyliau. Mae'n cynilo 1c y diwrnod cyntaf, 2c yr ail ddiwrnod, 3c y trydydd diwrnod, ac yn y blaen. Faint o arian fydd ganddo ar ddiwedd y gwyliau (42 diwrnod)? Petai'n parhau i wneud hyn, faint o amser fyddai'n ei gymryd i gynilo £100?

7 Term cyntaf cyfres rifyddol yw 4. Mae'r swm hyd at 20 term yn –15. Darganfyddwch, mewn unrhyw drefn, y gwahaniaeth cyffredin a'r 20fed term.

8   Swm tri rhif cyntaf cyfres rifyddol yw 12. Os -32 yw'r 20fed term, darganfyddwch y term cyntaf a'r gwahaniaeth cyffredin.

9   Dangoswch fod swm y $2n$ rhif naturiol cyntaf yn $n(2n + 1)$.

10   Profwch fod swm yr n odrif cyntaf yn n^2.

6.7   Gallwch ddefnyddio Σ i ddynodi 'swm'.

Er enghraifft:

$$\sum_{n=1}^{10} U_n = U_1 + U_2 + U_3 + \ldots + U_{10}$$

Mae $\displaystyle\sum_{r=0}^{10} (2 + 3r)$ yn golygu swm $2 + 3r$ o $r = 0$ hyd at $r = 10$

$$= 2 + 5 + 8 + \ldots + 32$$

Mae $\displaystyle\sum_{r=5}^{r=15} (10 - 2r)$ yn golygu swm $(10 - 2r)$ o $r = 5$ hyd at $r = 15$

$$= 0 + -2 + -4 + \ldots + -20$$

Enghraifft 18

Cyfrifwch $\displaystyle\sum_{r=1}^{r=20} 4r + 1$

$$\sum_{r=1}^{20} (4r + 1)$$

$= 5 + 9 + 13 + \ldots + 81$ •———— Rhowch $r = 1$, 2, ac ati i ddarganfod termau'r gyfres.

$S = \dfrac{n}{2}[2a + (n - 1)d]$ •————

Rhowch 5 yn lle a, 4 yn lle d a 20 yn lle n yn $S = \dfrac{n}{2}[2a + (n - 1)d]$.

$$= \frac{20}{2}[2 \times 5 + (20 - 1)4]$$

$$= 10[10 + (19) \times 4]$$

$$= 10 \times 86$$

$$= 860$$

Ymarfer 6E

1 Ail-ysgrifennwch y symiau canlynol gan ddefnyddio nodiant Σ:

   a $4 + 7 + 10 + \dots + 31$ **b** $2 + 5 + 8 + 11 + \dots + 89$

   c $40 + 36 + 32 + \dots + 0$ **ch** Lluosrifau 6 sy'n llai na 100.

2 Cyfrifwch y canlynol:

   a $\displaystyle\sum_{r=1}^{10} (4r - 1)$ **b** $\displaystyle\sum_{r=1}^{20} (5r - 2)$

   c $\displaystyle\sum_{r=1}^{15} (20 - 3r)$ **ch** $\displaystyle\sum_{r=5}^{10} (3r + 2)$

3 Beth yw gwerth n pan fydd $\displaystyle\sum_{r=1}^{n} (5r + 3)$ yn fwy na 1000 am y tro cyntaf?

4 Beth yw gwerth n os yw $\displaystyle\sum_{r=1}^{n} (100 - 4r) = 0$?

Ymarfer cymysg 6F

1 Mae $r$fed term dilyniant yn $2 + 3r$. Darganfyddwch dri therm cyntaf y dilyniant.

2 Mae $r$fed term dilyniant yn $(r + 3)(r - 4)$. Darganfyddwch werth r ar gyfer y term sydd â gwerth o 78.

3 Mae dilyniant yn cael ei ffurfio o berthynas anwythol:

   $$U_{n+1} = 2U_n + 5$$

   O wybod bod $U_1 = 2$, darganfyddwch bedwar term cyntaf y dilyniant.

4 Darganfyddwch reol sy'n disgrifio'r dilyniannau canlynol:

   a 5, 11, 17, 23, …   **b** 3, 6, 9, 12, …

   c 1, 3, 9, 27, …   **ch** 10, 5, 0, −5, …

   d 1, 4, 9, 16, …   **dd** 1, 1.2, 1.44, 1.728

   Pa rai o'r uchod sy'n ddilyniannau rhifyddol?
   Yn achos y rhai sydd yn ddilyniannau rhifyddol, nodwch werthoedd a a d.

5 Dyma gyfres rifyddol: $5 + 9 + 13 + 17 + \dots$
   Darganfyddwch **a** y 20fed term, a **b** swm y 20 term cyntaf.

6 **a** Profwch mai swm yr n term cyntaf mewn cyfres rifyddol yw

   $$S = \frac{n}{2}[2a + (n - 1)d]$$

   lle mae a = term cyntaf a d = gwahaniaeth cyffredin.

   b Defnyddiwch hyn i ddarganfod swm y 100 rhif naturiol cyntaf.

7 Darganfyddwch werth lleiaf n pan fo $\displaystyle\sum_{r=1}^{n} (4r - 3) > 2000$.

8 Mae gwerthwr yn cael comisiwn o £10 yr wythnos am bob polisi yswiriant bywyd y mae wedi ei werthu. Bob wythnos mae'n gwerthu un polisi newydd fel y bo'n ennill £10 o gomisiwn yn ystod yr wythnos gyntaf, £20 o gomisiwn yn ystod yr ail wythnos, £30 o gomisiwn yn ystod y drydedd wythnos ac yn y blaen.

   a Darganfyddwch gyfanswm ei gomisiwn yn ystod y flwyddyn gyntaf o 52 wythnos.

   b Yn yr ail flwyddyn mae'r comisiwn yn cynyddu i £11 yr wythnos am y polisïau newydd sy'n cael eu gwerthu, er bod y comisiwn yn parhau i fod yn £10 am bolisïau a werthwyd yn ystod y flwyddyn gyntaf. Mae'n parhau i werthu un polisi yr wythnos. Dangoswch ei fod yn ennill £542 yn ystod ail wythnos ei ail flwyddyn.

   c Darganfyddwch gyfanswm y comisiwn a enillodd yn ystod yr ail flwyddyn. **A**

9 Mae swm dau derm cyntaf cyfres rifyddol yn 47.
30fed term y gyfres hon yw -62. Darganfyddwch:

   a derm cyntaf y gyfres a'r gwahaniaeth cyffredin.

   b swm 60 term cyntaf y gyfres. **A**

10 **a** Darganfyddwch swm y cyfanrifau sy'n rhanadwy â 3 ac sydd rhwng 1 a 400.

   b Trwy wneud hyn, neu fel arall, darganfyddwch swm y cyfanrifau, o 1 i 400 yn gynwysedig, **nad ydynt** yn rhanadwy â 3. **A**

11 Mae gan bolygon 10 ochr. Mae hydoedd yr ochrau, gan ddechrau â'r lleiaf, yn ffurfio cyfres rifyddol. Mae perimedr y polygon yn 675 cm a hyd yr ochr hwyaf yn ddwywaith hyd yr ochr fyrraf. Yn achos y gyfres hon, darganfyddwch:

   a y gwahaniaeth cyffredin.

   b y term cyntaf. **A**

12 Diffinnir dilyniant o dermau $\{U_n\}$ ar gyfer $n \geq 1$, gan y berthynas gylchol $U_{n+2} = 2kU_{n+1} + 15U_n$, lle mae k yn gysonyn. O wybod bod $U_1 = 1$ ac $U_2 = -2$:

   a darganfyddwch fynegiad, yn nhermau k, ar gyfer U_3.

   b Trwy wneud hyn, darganfyddwch fynegiad, yn nhermau k, ar gyfer U_4.

   c O wybod hefyd fod $U_4 = -38$, darganfyddwch werthoedd posibl k. **A**

13 Mae chwilotwyr yn drilio am olew. Mae cost drilio hyd at ddyfnder o 50 m yn £500. Mae drilio 50 m eto yn costio £640 ac felly cyfanswm y gost o ddrilio i ddyfnder o 100 m yw £1140. Mae pob dyfnder ychwanegol o 50 m wedyn yn costio £140 yn fwy na'r 50 m blaenorol.

   a Dangoswch fod cost drilio i ddyfnder o 500 m yn £11 300.

   b Cyfanswm yr arian sydd ar gael i wneud y gwaith drilio yw £76 000. Darganfyddwch, i'r 50 m agosaf, pa mor ddwfn y gellir drilio. **A**

14 Profwch fod swm $2n$ lluosrif cyntaf 4 yn $4n(2n + 1)$. **A**

15 Mae dilyniant o rifau $\{U_n\}$ yn cael ei ddiffinio, ar gyfer $n \geq 1$, gan y berthynas gylchol $U_{n+1} = kU_n - 4$, lle mae k yn gysonyn. O wybod bod $U_1 = 2$:

   a darganfyddwch fynegiad, yn nhermau k, ar gyfer U_2 ac U_3.

   b O wybod hefyd fod $U_3 = 26$, defnyddiwch algebra i ddarganfod gwerthoedd posibl k. **A**

16 Bob blwyddyn, am 40 mlynedd, bydd Ann yn rhoi arian mewn cynllun cynilo. Yn ystod y flwyddyn gyntaf bydd yn talu £500. Yna bydd ei thaliadau yn cynyddu £50 bob blwyddyn, fel ei bod yn talu £550 yr ail flwyddyn, £600 y drydedd flwyddyn, ac yn y blaen.

   a Darganfyddwch y swm y bydd Ann yn ei dalu yn y 40fed flwyddyn.

   b Darganfyddwch gyfanswm yr arian y bydd Ann yn ei dalu dros y 40 mlynedd.

   c Dros yr un 40 mlynedd, bydd Brian hefyd yn rhoi arian yn y cynllun cynilo. Yn y flwyddyn gyntaf bydd yn talu £890 ac yna bydd ei daliadau yn cynyddu £*d* bob blwyddyn. O wybod y bydd Brian ac Ann yn talu'n union yr un swm dros y 40 mlynedd, darganfyddwch werth *d*.

17 Mae pumed term cyfres rifyddol yn 14 ac mae swm tri therm cyntaf y gyfres yn -3.

   a Defnyddiwch algebra i ddangos bod term cyntaf y gyfres yn -6 a chyfrifwch wahaniaeth cyffredin y gyfres.

   b O wybod bod $n$fed term y gyfres yn fwy na 282, darganfyddwch werth lleiaf posibl n.

18 Mae pedwerydd term cyfres rifyddol yn $3k$, lle mae k yn gysonyn, a swm chwe therm cyntaf y gyfres yw $7k + 9$.

   a Dangoswch fod term cyntaf y gyfres yn $9 - 8k$.

   b Darganfyddwch fynegiad ar gyfer gwahaniaeth cyffredin y gyfres yn nhermau k.

   O wybod bod seithfed term y gyfres yn 12, cyfrifwch:

   c werth k

   ch swm 20 term cyntaf y gyfres.

Crynodeb o'r pwyntiau allweddol

1 Gelwir cyfres o rifau sy'n dilyn rheol benodol yn ddilyniant.

Mae 3, 7, 11, 15, 19, ... yn enghraifft o ddilyniant.

2 Gelwir pob rhif mewn dilyniant yn derm.

3 Weithiau gelwir $n$fed term dilyniant yn derm cyffredinol.

4 Gellir mynegi dilyniant fel fformiwla ar gyfer yr $n$fed term. Er enghraifft, mae'r fformiwla $U_n = 4n + 1$ yn cynhyrchu'r dilyniant 5, 9, 13, 17, ... trwy roi 1, 2, 3, 4, ac ati yn lle n ym $4n + 1$.

5 Gellir mynegi dilyniant ar ffurf perthynas gylchol. Er enghraifft, gellir ffurfio'r un dilyniant 5, 9, 13, 17,... o $U_{n+1} = U_n + 4$, $U_1 = 5$. (Rhaid cael U_1.)

6 Gelwir perthynas gylchol yn y ffurf

$$U_{k+1} = U_k + n, \ k \geqslant 1 \quad n \in \mathbb{Z}$$

yn ddilyniant rhifyddol.

7 Gellir rhoi pob dilyniant rhifyddol yn y ffurf:

$$a + (a + d) + (a + 2d) + (a + 3d) + (a + 4d) + (a + 5d)$$

↑	↑	↑	↑	↑	↑
term	2il	3ydd	4ydd	5ed	6ed
1af	derm	term	term	term	term

8 Mae $n$fed term cyfres rifyddol yn $a + (n - 1)d$, lle mae a yn cynrychioli'r term cyntaf a d y gwahaniaeth cyffredin.

9 Y fformiwla sy'n rhoi swm cyfres rifyddol yw

$$S_n = \frac{n}{2}[2a + (n - 1)d]$$

neu $\ S_n = \frac{n}{2}(a + L)$

lle mae a yn cynrychioli'r term cyntaf, d y gwahaniaeth cyffredin, n nifer y termau ac L y term olaf yn y gyfres.

10 Gallwch ddefnyddio Σ i ddynodi 'swm'. Gallwch ddefnyddio Σ i ysgrifennu cyfres mewn ffordd fwy cryno,

e.e. $\displaystyle\sum_{r=1}^{10} (5 + 2r) = 7 + 9 + ... + 25$

7 Differu

Mae'r bennod hon yn cyflwyno calcwlws trwy ddangos i chi sut y mae differu er mwyn darganfod

- graddiant cromlin mewn pwynt penodol
- cyfradd newid un newidyn mewn perthynas ag un arall.

7.1 Gallwch gyfrifo amcangyfrif o raddiant tangiad.

Yn Adran 5.1, roeddech yn darganfod graddiant **llinell syth** trwy gyfrifo a thrwy archwilio'i hafaliad.

Mae graddiant cromlin yn newid wrth i chi symud ar ei hyd, ac felly:

■ **Diffinnir graddiant cromlin mewn pwynt penodol fel graddiant y tangiad i'r gromlin yn y pwynt hwnnw.**

Llinell syth yw tangiad, sy'n cyffwrdd y gromlin ond heb ei thorri. Ni allwch gyfrifo graddiant y tangiad yn uniongyrchol, gan mai un pwynt yn unig ar y tangiad rydych yn ei wybod ac mae angen dau bwynt i gyfrifo graddiant llinell.

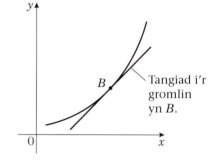

Tangiad i'r gromlin yn B.

Er mwyn darganfod graddiant y tangiad ym mhwynt B ar gromlin y gwyddoch ei hafaliad, gallwch ddarganfod graddiant cordiau sy'n cysylltu B â phwyntiau eraill yn agos at B ar y gromlin. Yna gallwch ymchwilio i werthoedd y graddiannau hyn wrth i'r pwyntiau eraill nesáu at B. Dylech ddarganfod bod y gwerthoedd yn dod yn agos iawn at werth terfannol, sef gwerth graddiant y tangiad. Dyma hefyd raddiant y gromlin ym mhwynt B.

Enghraifft 1

Y pwyntiau a ddangosir ar y gromlin $y = x^2$, yw $O(0, 0)$, $A(\frac{1}{2}, \frac{1}{4})$, $B(1, 1)$, $C(1.5, 2.25)$ a $D(2, 4)$.

a Cyfrifwch raddiannau'r canlynol:

   i OB

  ii AB

 iii BC

  iv BD

b Beth allwch chi ei ddweud am raddiant y tangiad ym mhwynt B?

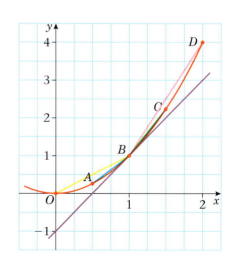

a   **i**   Graddiant cord OB

$$= \frac{y_2 - y_1}{x_2 - x_1}$$

$$= \frac{1 - 0}{1 - 0}$$

$$= 1$$

> Defnyddir y fformiwla ar gyfer graddiant llinell syth.

> (x_1, y_1) yw $(0, 0)$ ac (x_2, y_2) yw $(1, 1)$.

ii   Graddiant cord AB

$$= \frac{1 - \frac{1}{4}}{1 - \frac{1}{2}}$$

$$= \frac{\frac{3}{4}}{\frac{1}{2}}$$

$$= 1.5$$

> Defnyddir yr un fformiwla gyda gwerthoedd (x_1, y_1) yn $(\frac{1}{2}, \frac{1}{4})$ ac (x_2, y_2) yn $(1, 1)$.
> $\frac{3}{4} \div \frac{1}{2} = \frac{3}{4} \times \frac{2}{1} = \frac{3}{2} = 1.5$.

iii   Graddiant cord BC

$$= \frac{2.25 - 1}{1.5 - 1}$$

$$= \frac{1.25}{0.5}$$

$$= 2.5$$

> Y tro hwn mae (x_1, y_1) yn $(1, 1)$ ac mae (x_2, y_2) yn $(1.5, 2.25)$.
> $\frac{1.25}{0.5} = \frac{12.5}{5} = 2.5$.

iv   Graddiant cord BD

$$= \frac{4 - 1}{2 - 1}$$

$$= 3$$

> Nodwch fod y cordiau yn fwy serth a'r graddiannau yn fwy wrth i chi symud ar hyd y gromlin.

b   Mae graddiant y tangiad ym mhwynt B rhwng 1.5 a 2.5.

> Mae graddiant y tangiad yn B yn llai na graddiant cord BC, ond yn fwy na graddiant cord AB.

Nawr gallwch 'chwyddo' rhan y gromlin sy'n agos at bwynt B(1, 1). Mae'r rhan hon, a ddangosir gyferbyn, bron yn llinell syth ac mae'r graddiant yn agos at y tangiad ym mhwynt B.

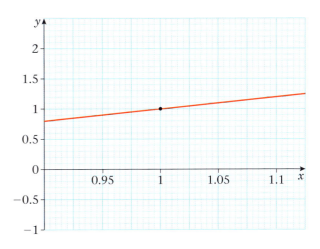

Enghraifft 2

a Ar gyfer yr un gromlin ag yn Enghraifft 1, darganfyddwch raddiant cord BP pan fo cyfesurynnau P yn: **i** (1.1, 1.21)　**ii** (1.01, 1.0201)　**iii** (1.001, 1.002 001)　**iv** $(1 + h, (1 + h)^2)$

b Beth allwch chi ei ddweud am raddiant y tangiad ym mhwynt B?

a **i** Graddiant y cord sy'n cysylltu (1, 1) ag (1.1, 1.21)

$$= \frac{1.21 - 1}{1.1 - 1}$$

$$= \frac{0.21}{0.1}$$

$$= 2.1$$

> Pan fo $x = 1.1$, $y = 1.1^2 = 1.21$
>
> y graddiant yw $\dfrac{0.21}{0.1} = \dfrac{0.21 \times 10}{0.1 \times 10} = \dfrac{2.1}{1}$

ii Graddiant y cord sy'n cysylltu (1, 1) ag (1.01, 1.0201)

$$= \frac{1.0201 - 1}{1.01 - 1}$$

$$= \frac{0.0201}{0.01}$$

$$= 2.01$$

> Mae'r pwynt hwn yn nes at (1, 1) nag at (1.1, 1.21).
>
> Mae'r graddiant hwn yn nes at 2.

iii Graddiant y cord sy'n cysylltu (1, 1) ag (1.001, 1.002 001)

$$= \frac{1.002\,001 - 1}{1.001 - 1}$$

$$= \frac{0.002\,001}{0.001}$$

$$= 2.001$$

> Mae pwynt $(1.001, 1.001^2)$ yn agos iawn at (1, 1).
>
> Mae'r graddiant yn agos iawn at 2.

iv Graddiant y cord sy'n cysylltu (1, 1) ag $(1 + h, (1 + h)^2)$

$$= \frac{(1 + h)^2 - 1}{(1 + h) - 1}$$

$$= \frac{1 + 2h + h^2 - 1}{1 + h - 1}$$

$$= \frac{2h + h^2}{h}$$

$$= 2 + h$$

> Mae h yn gysonyn.
>
> $(1 + h)^2 = (1 + h)(1 + h) = 1 + 2h + h^2$.
>
> Daw hyn yn $\dfrac{h(2 + h)}{h}$

> Gallwch ddefnyddio'r fformiwla hon gyda'r cordiau yn **i**, **ii** a **iii**, e.e. $(1.1, 1.21) = (1 + 0.1), (1 + 0.1^2)$. Felly $h = 0.1$ ac mae graddiant cord BP yn $2 + 0.1 = 2.1$.

b Pan fo h yn fychan mae graddiant y cord yn agos at raddiant y tangiad, ac mae $2 + h$ yn agos at werth 2.

Felly diddwythwn fod graddiant y tangiad ym mhwynt (1, 1) yn 2.

> Os gadewch i h ddod yn agos iawn at sero, mae'r graddiant yn agos iawn at 2.

Ymarfer 7A

1 *F* yw pwynt $(3, 9)$ ar y gromlin $y = x^2$.

   a Darganfyddwch raddiannau'r cordiau sy'n cysylltu pwynt *F* â'r pwyntiau canlynol:

     i $(4, 16)$ **ii** $(3.5, 12.25)$ **iii** $(3.1, 9.61)$

     iv $(3.01, 9.0601)$ **v** $(3 + h, (3 + h)^2)$

   b Beth allwch chi ei ddweud am raddiant y tangiad ym mhwynt $(3, 9)$?

2 *G* yw pwynt $(4, 16)$ ar y gromlin $y = x^2$.

   a Darganfyddwch raddiannau'r cordiau sy'n cysylltu pwynt *G* â'r pwyntiau canlynol:

     i $(5, 25)$ **ii** $(4.5, 20.25)$ **iii** $(4.1, 16.81)$

     iv $(4.01, 16.0801)$ **v** $(4 + h, (4 + h)^2)$

   b Beth allwch chi ei ddweud am raddiant y tangiad ym mhwynt $(4, 16)$?

7.2 **Gallwch ddarganfod fformiwla graddiant y ffwythiant f$(x) = x^2$ a ffwythiannau eraill yn y ffurf f$(x) = x^n$, $n \in \mathbb{R}$.**

Yn y braslun hwn, gellir darganfod graddiant y tangiad $y = f(x)$ ym mhwynt *B* trwy ddechrau â graddiant cord *BC*.

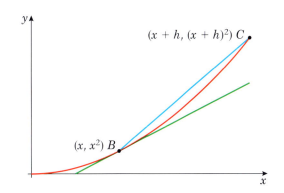

■ **Graddiant y tangiad mewn unrhyw bwynt arbennig yw cyfradd newid y mewn perthynas ag x.**

Pwynt *B* yw'r pwynt (x, x^2) a phwynt *C* yw'r pwynt $(x + h, (x + h)^2)$ sy'n agos at *B*.

Graddiant cord *BC* yw
$$\frac{(x + h)^2 - x^2}{(x + h) - x}$$

Awgrym: Defnyddiwch y fformiwla graddiant ar gyfer llinell syth.

Gellir ysgrifennu hyn fel
$$\frac{(x^2 + 2hx + h^2) - x^2}{x + h - x}$$

Ehangwch $(x + h)(x + h)$.

a gellir ei symleiddio i roi
$$\frac{2hx + h^2}{h}$$

$$= \frac{h(2x + h)}{h}$$

Ffactoriwch y rhifiadur.

$$= 2x + h.$$

Canslwch y ffactor h.

Wrth i *h* fynd yn llai mae graddiant y cord yn agosáu at raddiant y tangiad i'r gromlin ym mhwynt *B*.

Felly mae graddiant y tangiad ym mhwynt *B* i'r gromlin $y = x^2$ yn cael ei roi gan y fformiwla: graddiant = $2x$.

Yn gyffredinol, fe welwch ei bod yn bosibl mynegi graddiannau'r tangiadau i gromlin benodol â fformiwla sy'n berthynol i hafaliad y gromlin.

■ **Rhoddir y fformiwla graddiant ar gyfer $y = f(x)$ gan yr hafaliad: graddiant = $f'(x)$, lle gelwir $f'(x)$ yn ffwythiant deilliadol.**

Diffinnir $f'(x)$ fel graddiant y gromlin $y = f(x)$ yn y pwynt cyffredinol $(x, f(x))$. Dyma hefyd raddiant y tangiad i'r gromlin yn y pwynt hwnnw.

Hyd yma rydych wedi gweld, pan fo $f(x) = x^2$, fod $f'(x) = 2x$.

Gallwch ddefnyddio'r canlyniad hwn i benderfynu beth yw graddiant y gromlin $y = x^2$ mewn unrhyw bwynt penodol ar y gromlin.

Gallwch ddefnyddio dull tebyg hefyd i sefydlu fformiwla graddiant ar gyfer graff $y = f(x)$, lle mae $f(x)$ yn bŵer x, h.y. $f(x) = x^n$, lle mae *n* yn unrhyw rif real.

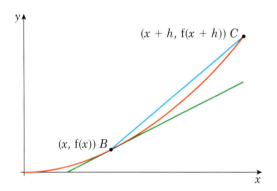

Unwaith eto mae angen i chi ystyried graddiant cord sy'n cysylltu dau bwynt sy'n agos at ei gilydd ar y gromlin a phenderfynu beth sy'n digwydd pan fo'r pwyntiau yn dod yn agos iawn at ei gilydd.

Y tro hwn cyfesurynnau pwynt *B* yw $(x, f(x))$ a phwynt *C* yw'r pwynt $(x + h, f(x + h))$ sy'n agos at *B*.

Graddiant *BC* yw

$$\frac{f(x + h) - f(x)}{(x + h) - x}$$

Ac felly, wrth i *h* ddod yn llai ac wrth i raddiant y cord nesáu at raddiant y tangiad, diffinnir $f'(x)$ fel

$$\lim_{h \to 0}\left[\frac{f(x + h) - f(x)}{h}\right]$$

Trwy ddefnyddio'r diffiniad hwn gallwch ddifferu ffwythiant yn y ffurf $f(x) = x^n$.

Enghraifft 3

O'r diffiniad o'r ffwythiant deilliadol darganfyddwch fynegiad ar gyfer f'(x) pan fo f'$(x) = x^3$.

$$f'(x) = \lim_{h \to 0} \frac{f(x+h) - f(x)}{(x+h) - x}$$

$$= \lim_{h \to 0} \frac{(x+h)^3 - (x)^3}{(x+h) - x}$$

$$= \lim_{h \to 0} \frac{x^3 + 3x^2h + 3xh^2 + h^3 - x^3}{(x+h) - x}$$

$$= \lim_{h \to 0} \frac{3x^2h + 3xh^2 + h^3}{h}$$

$$= \lim_{h \to 0} \frac{h(3x^2 + 3xh + h^2)}{h}$$

$$= \lim_{h \to 0} 3x^2 + 3xh + h^2$$

Wrth i $h \to 0$ mae'r gwerth terfannol yn $3x^2$.

Felly pan fo f$(x) = x^3$, mae f'$(x) = 3x^2$.

$(x+h)^3 = (x+h)(x+h)^2$
$\qquad = (x+h)(x^2 + 2hx + h^2)$
sy'n ehangu i roi
$x^3 + 3x^2h + 3xh^2 + h^3$.

Ffactoriwch y rhifiadur.

Daw'r term $3xh$ a'r term h^2 yn sero.

Enghraifft 4

O'r diffiniad o'r ffwythiant deilliadol darganfyddwch fynegiad ar gyfer f'(x) pan fo f$(x) = \dfrac{1}{x}$:

$$f'(x) = \lim_{h \to 0} \frac{f(x+h) - f(x)}{(x+h) - x}$$

$$= \lim_{h \to 0} \frac{\frac{1}{(x+h)} - \frac{1}{x}}{(x+h) - x}$$

$$= \lim_{h \to 0} \frac{\frac{x - (x+h)}{x(x+h)}}{(x+h) - x}$$

$$= \lim_{h \to 0} \frac{-h}{x(x+h)} \div h$$

$$= \lim_{h \to 0} -\frac{1}{x^2 + xh}$$

Wrth i $h \to 0$ mae'r gwerth terfannol yn $\dfrac{-1}{x^2} = -x^{-2}$.

Felly pan fo f$(x) = x^{-1}$, mae f'$(x) = (-1)x^{-2}$.

Defnyddiwch enwadur cyffredin.

Mae ffracsiwn dros enwadur h yr un fath â'r ffracsiwn wedi ei rannu â h, ac yna mae'r h yn canslo.

Daw'r term xh yn sero.

Rydych wedi darganfod bod:

$$f(x) = x^2 \text{ yn rhoi } f'(x) = 2x^{2-1}$$
$$f(x) = x^3 \text{ yn rhoi } f'(x) = 3x^{3-1}$$
$$f(x) = x^{-1} \text{ yn rhoi } f'(x) = -1x^{-1-1}$$

Awgrym: Sylwch fod y patrwm yn y canlyniadau hyn yr un fath bob tro.

Hefyd, gwyddoch fod graddiant y llinell syth $y = x$ yn 1, a bod graddiant y llinell syth $y = 1$ yn 0.

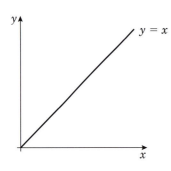 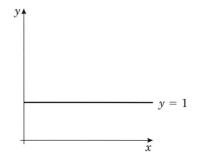

Felly mae $f(x) = x^1$ yn rhoi $f'(x) = 1x^{1-1}$
ac mae $f(x) = x^0$ yn rhoi $f'(x) = 0x^{0-1}$

Awgrym: Sylwch ar yr un patrwm yn y ffwythiannau llinol hyn.

■ **Yn gyffredinol, gellir dangos, os**

$$f(x) = x^n, \; n \in \mathbb{R} \text{ yna } f'(x) = nx^{n-1}$$

Felly mae'r pŵer gwreiddiol yn lluosi'r mynegiad a thynnir 1 o bŵer x.

Enghraifft 5

Darganfyddwch y ffwythiant deilliadol pan fo $f(x)$ yn hafal i'r canlynol:

a x^6 **b** $x^{\frac{1}{2}}$ **c** x^{-2} **ch** $\dfrac{x}{x^5}$ **d** $x^2 \times x^3$

a $6x^5$

Mae'r pŵer 6 yn cael ei ostwng i'r pŵer 5 ac mae'r 6 yn lluosi'r ateb.

b $f(x) = x^{\frac{1}{2}}$

$f'(x) = \frac{1}{2}x^{-\frac{1}{2}}$

$= \dfrac{1}{2\sqrt{x}}$

Mae'r pŵer $\frac{1}{2}$ yn cael ei ostwng i $\frac{1}{2} - 1 = -\frac{1}{2}$, ac mae'r $\frac{1}{2}$ yn lluosi'r ateb. Yna mae hyn yn cael ei ailysgrifennu mewn ffurf arall.

c $f(x) = x^{-2}$

$f'(x) = -2x^{-3}$

$= \dfrac{-2}{x^3}$

Mae'r pŵer -2 yn cael ei ostwng i -3 ac mae'r -2 yn lluosi'r ateb. Mae hyn hefyd yn cael ei ailysgrifennu mewn ffurf arall gan ddefnyddio gwybodaeth o bwerau negatif.

ch Gadewch i $f(x) = x \div x^5$

$$= x^{-4}$$

Symleiddiwch gan ddefnyddio rheolau pwerau i roi un pŵer syml, h.y. tynnu $1 - 5 = -4$.

Felly $f'(x) = -4x^{-5}$

$$= \frac{-4}{x^5}$$

Gostyngwch y pŵer –4 i roi –5, yna lluoswch yr ateb â –4.

d Gadewch i $f(x) = x^2 \times x^3$

$$= x^5$$

Adiwch y pwerau y tro hwn i roi $2 + 3 = 5$.

Felly $f'(x) = 5x^4$

Gostyngwch y pŵer 5 i 4 a lluoswch yr ateb â 5.

Ymarfer 7B

Darganfyddwch y ffwythiant deilliadol, o wybod bod f(x) yn hafal i:

1 x^7

2 x^8

3 x^4

4 $x^{\frac{1}{3}}$

5 $x^{\frac{1}{4}}$

6 $\sqrt[3]{x}$

7 x^{-3}

8 x^{-4}

9 $\dfrac{1}{x^2}$

10 $\dfrac{1}{x^5}$

11 $\dfrac{1}{\sqrt[3]{x}}$

12 $\dfrac{1}{\sqrt{x}}$

13 $\dfrac{x^2}{x^4}$

14 $\dfrac{x^3}{x^2}$

15 $\dfrac{x^6}{x^3}$

16 $x^3 \times x^6$

17 $x^2 \times x^3$

18 $x \times x^2$

7.3 Gallwch ddarganfod y fformiwla graddiant ar gyfer ffwythiant megis f(x) = $4x^2 - 8x + 3$ a ffwythiannau eraill yn y ffurf f(x) = $ax^2 + bx + c$, lle mae a, b ac c yn gysonion.

Gallwch ddefnyddio nodiant arall wrth ddarganfod y ffwythiant graddiant.

Unwaith eto, rydych yn darganfod graddiant y tangiad mewn pwynt B gan ddechrau â graddiant cord BC. Y tro hwn pwynt B yw pwynt (x, y) a phwynt C yw pwynt ($x + \delta x$, $y + \delta y$) sy'n agos at B. Gelwir δx yn delta x. Un symbol yw hwn sy'n cynrychioli newid bychan yng ngwerth x. Dynodwyd hwn gan h yn Adran 7.2. Gelwir δy hefyd yn 'delta y'. Un symbol yw hwn sy'n cynrychioli newid bychan yng ngwerth y.

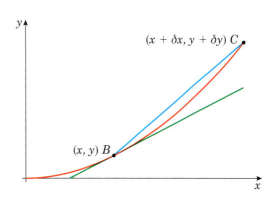

Felly graddiant cord BC yw

$$\frac{y + \delta y - y}{x + \delta x - x} = \frac{\delta y}{\delta x}$$

Ond mae B ac C ar gromlin $y = f(x)$ ac felly B yw pwynt $(x, f(x))$ ac C yw pwynt $(x + \delta x, f(x + \delta x))$.

Felly gellir ysgrifennu graddiant BC hefyd fel

$$\frac{f(x + \delta x) - f(x)}{(x + \delta x) - x} = \frac{f(x + \delta x) - f(x)}{\delta x}$$

Gallwch wneud gwerth δx yn fychan iawn a byddwch yn darganfod po leiaf fydd gwerth δx, y lleiaf fydd gwerth δy.

Gwerth terfannol graddiant y cord yw graddiant y tangiad yn B, sydd hefyd yn raddiant y gromlin yn B.

Gelwir hyn yn gyfradd newid y mewn perthynas ag x ym mhwynt B ac mae'n cael ei ddynodi gan $\frac{dy}{dx}$.

$$\frac{dy}{dx} = \lim_{\delta x \to 0} \left(\frac{\delta y}{\delta x} \right)$$

$$= \lim_{\delta x \to 0} \frac{f(x + \delta x) - f(x)}{\delta x}$$

$\frac{dy}{dx}$ yw deilliad y mewn perthynas ag x.

Hefyd $\frac{dy}{dx} = f'(x)$.

Gelwir y broses o ddarganfod $\frac{dy}{dx}$ pan fo y yn hysbys, yn ddifferu.

■ **Pan fo $y = x^n$, mae $\frac{dy}{dx} = nx^{n-1}$ ar gyfer holl werthoedd real n.**

Gallwch hefyd ddifferu'r hafaliad cwadratig cyffredinol $y = ax^2 + bx + c$.

Gan ddefnyddio'r diffiniad fod $\frac{dy}{dx} = \lim_{\delta x \to 0} \frac{f(x + \delta x) - f(x)}{\delta x}$

yna

$$\frac{dy}{dx} = \lim_{\delta x \to 0} \frac{a(x + \delta x)^2 + b(x + \delta x) + c - (ax^2 + bx + c)}{x + \delta x - x}$$

$$= \lim_{\delta x \to 0} \frac{2ax\,\delta x + a(\delta x)^2 + b\,\delta x}{\delta x}$$

$$= 2ax + b$$

Felly pan fo $y = ax^2 + bx + c$, $\frac{dy}{dx} = 2ax + b$.

Awgrym:
Ffactoriwch y rhifiadur i roi
$$\delta x(2ax + a\delta x + b)$$
yna symleiddiwch y ffracsiwn gan fod δx yn ffactor cyffredin.
Daw'r term $a\delta x$ yn sero.

Ystyriwch y tri braslun isod:

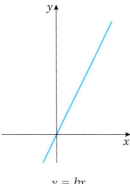

$y = ax^2$
graddiant $= a(2x)$

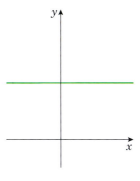

$y = bx$
graddiant $= b$

$y = c$
graddiant $= 0$

Mae cyfuno'r ffwythiannau hyn yn rhoi $y = ax^2 + bx + c$, a rhoddir y graddiant gan $\dfrac{dy}{dx} = 2ax + b$.

Enghraifft 6

Darganfyddwch $\dfrac{dy}{dx}$ pan fo y yn hafal i'r canlynol:

a x^2 **b** 4   **c** $12x + 3$ **ch** $x^2 - 6x - 4$ **d** $3 - 5x^2$

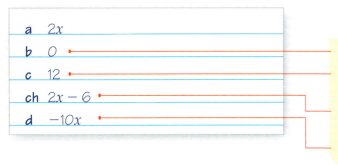

a $2x$

b 0

c 12

ch $2x - 6$

d $-10x$

Mae graddiant y llinell $y = 4$ yn sero.

Gan ddefnyddio $y = mx + c$, y graddiant yw gwerth m.

Defnyddiwch y canlyniad a roddir uchod gyda gwerthoedd $a = 1$, $b = -6$, $c = -4$.

$a = -5$, $b = 0$ ac $c = 3$.

Enghraifft 7

Gadewch i $f(x) = 4x^2 - 8x + 3$.

a Darganfyddwch raddiant $y = f(x)$ yn y pwynt $(\frac{1}{2}, 0)$.

b Darganfyddwch gyfesurynnau'r pwynt ar y graff $y = f(x)$ lle mae'r graddiant yn 8.

c Darganfyddwch raddiant $y = f(x)$ yn y pwyntiau lle mae'r gromlin yn cyfarfod â'r llinell $y = 4x - 5$.

a   Gan fod $y = 4x^2 - 8x + 3$

$\dfrac{dy}{dx} = f'(x) = 8x - 8 + 0$

Felly mae $f'(\frac{1}{2}) = -4$

Yn gyntaf darganfyddwch $f'(x)$, y ffwythiant deilliadol, yna defnyddiwch werth cyfesuryn x i gael y graddiant.

b $\dfrac{dy}{dx} = f'(x) = 8x - 8 + 0 = 8$

Felly $x = 2$

Felly $y = f(2) = 3$

Y pwynt lle mae'r graddiant yn 8 yw

$(2, 3)$.

Rhowch y ffwythiant graddiant yn hafal i 8. Yna datryswch yr hafaliad yr ydych yn ei gael i roi gwerth x.

Rhowch y gwerth x hwn yn f(x) i gael gwerth y a dehonglwch eich ateb mewn geiriau.

c $\qquad 4x^2 - 8x + 3 = 4x - 5$

$\qquad 4x^2 - 12x + 8 = 0$

$\qquad x^2 - 3x + 2 = 0$

$\qquad (x - 2)(x - 1) = 0$

Felly $\qquad x = 1$ neu $x = 2$

Yn $x = 1$ mae'r graddiant yn 0.

Yn $x = 2$ mae'r graddiant yn 8, fel yn rhan **b**.

Rhowch f(x) = $4x - 5$, yna aildrefnwch a chasglwch dermau i roi hafaliad cwadratig.

Rhannwch â'r ffactor cyffredin 4.

Datryswch yr hafaliad cwadratig trwy ffactorio, neu drwy ddefnyddio'r fformiwla gwadratig.

$$x = \dfrac{-b \pm \sqrt{(b^2 - 4ac)}}{2a}$$

Rhowch werthoedd x yn f'(x) = $8x - 8$ i gael y graddiannau yn y pwyntiau penodol.

Ymarfer 7C

1 Darganfyddwch $\dfrac{dy}{dx}$ pan fo y yn hafal i:

   a $2x^2 - 6x + 3$ **b** $\frac{1}{2}x^2 + 12x$

   c $4x^2 - 6$ **ch** $8x^2 + 7x + 12$

   d $5 + 4x - 5x^2$

2 Darganfyddwch raddiant y cromliniau canlynol:

   a $y = 3x^2$ ym mhwynt $(2, 12)$ **b** $y = x^2 + 4x$ ym mhwynt $(1, 5)$

   c $y = 2x^2 - x - 1$ ym mhwynt $(2, 5)$ **ch** $y = \frac{1}{2}x^2 + \frac{3}{2}x$ ym mhwynt $(1, 2)$

   d $y = 3 - x^2$ ym mhwynt $(1, 2)$ **dd** $y = 4 - 2x^2$ ym mhwynt $(-1, 2)$

3 Darganfyddwch y cyfesuryn y a gwerth y graddiant ym mhwynt P lle mae'r cyfesuryn x yn 1 ar y gromlin $y = 3 + 2x - x^2$.

4 Darganfyddwch gyfesurynnau'r pwynt ar y gromlin $y = x^2 + 5x - 4$ lle mae'r graddiant yn 3.

5 Darganfyddwch raddiannau'r gromlin $y = x^2 - 5x + 10$ ym mhwyntiau A a B lle mae'r gromlin yn cyfarfod â'r llinell $y = 4$.

6 Darganfyddwch raddiannau'r gromlin $y = 2x^2$ ym mhwyntiau C a D lle mae'r gromlin yn cyfarfod â'r llinell $y = x + 3$.

7.4

Gallwch ddarganfod y fformiwla graddiant ar gyfer ffwythiant megis $f(x) = x^3 + x^2 - x^{\frac{1}{2}}$ lle mae pwerau x yn rhifau real $a_n x^n + a_{n-1} x^{n-1} + \ldots + a_0$, lle mae $a_n, a_{n-1}, \ldots, a_0$ yn gysonion, $a_n \neq 0$ ac $n \in \mathbb{R}$.

Rydych yn gwybod os yw $y = x^n$, yna $\dfrac{dy}{dx} = nx^{n-1}$.

Mae hyn yn wir am holl werthoedd real n.

Gellir dangos y canlynol hefyd:

- os yw $y = ax^n$, lle mae a yn gysonyn yna $\dfrac{dy}{dx} = anx^{n-1}$.

Awgrym: Sylwch eich bod unwaith eto yn tynnu 1 o'r pŵer a bod y pŵer gwreiddiol yn lluosi'r mynegiad.

Hefyd

- os yw $y = f(x) \pm g(x)$ yna $\dfrac{dy}{dx} = f'(x) \pm g'(x)$.

Gellir cymryd y canlyniadau safonol hyn yn ganiataol heb eu profi ar gyfer Safon Uwch.

Enghraifft 8

Defnyddiwch ganlyniadau safonol i ddifferu'r canlynol:

a $x^3 + x^2 - x^{\frac{1}{2}}$ **b** $2x^{-3}$ **c** $\frac{1}{3}x^{\frac{1}{2}} + 4x^2$

a $y = x^3 + x^2 - x^{\frac{1}{2}}$

Felly $\dfrac{dy}{dx} = 3x^2 + 2x - \frac{1}{2}x^{-\frac{1}{2}}$

Differwch bob term wrth i chi ddod ato.
Yn gyntaf x^3, yna x^2, yna $-x^{\frac{1}{2}}$.

b $y = 2x^{-3}$

Felly $\dfrac{dy}{dx} = -6x^{-4}$

       $= \dfrac{-6}{x^4}$

Differwch x^{-3}, yna lluoswch yr ateb â 2.

c $x = \frac{1}{3}x^{\frac{1}{2}} + 4x^2$

Felly $\dfrac{dy}{dx} = \frac{1}{3} \times \frac{1}{2}x^{-\frac{1}{2}} + 8x$

       $= \frac{1}{6} \times x^{-\frac{1}{2}} + 8x$

Rhowch y ddau syniad gyda'i gilydd. Rhowch sylw i bob term wrth i chi ddod ato, a chofiwch drin pob term fel lluosrif.

Ymarfer 7Ch

1   Defnyddiwch ganlyniadau safonol i ddifferu'r canlynol:

   a $x^4 + x^{-1}$ **b** $\frac{1}{2}x^{-2}$ **c** $2x^{-\frac{1}{2}}$

2 Darganfyddwch raddiant y gromlin $y = f(x)$ ym mhwynt A lle mae:

    a $f(x) = x^3 - 3x + 2$ ac A yn $(-1, 4)$ **b** $f(x) = 3x^2 + 2x^{-1}$ ac A yn $(2, 13)$

3 Darganfyddwch y pwynt neu'r pwyntiau ar y gromlin $y = f(x)$, lle mae'r graddiant yn sero:

    a $f(x) = x^2 - 5x$ **b** $f(x) = x^3 - 9x^2 + 24x - 20$

    c $f(x) = x^{\frac{3}{2}} - 6x + 1$ **ch** $f(x) = x^{-1} + 4x$

7.5 **Gallwch ehangu neu symleiddio ffwythiannau polynomaidd er mwyn eu differu'n haws.**

Enghraifft 9

Defnyddiwch ganlyniadau safonol i ddifferu'r canlynol:

a $\dfrac{1}{4\sqrt{x}}$ **b** $x^3(3x + 1)$ **c** $\dfrac{x - 2}{x^2}$

a   Gadewch i $y = \dfrac{1}{4\sqrt{x}}$

$\qquad\qquad = \frac{1}{4}x^{-\frac{1}{2}}$

    Felly $\qquad \dfrac{dy}{dx} = -\frac{1}{8}x^{-\frac{3}{2}}$

> Mynegwch y 4 yn yr enwadur fel lluosydd o $\frac{1}{4}$ a mynegwch y term x fel pŵer $-\frac{1}{2}$.
>
> Yna differwch trwy ostwng pŵer x a lluosi $\frac{1}{4}$ â $-\frac{1}{2}$.

b   Gadewch i $y = x^3(3x + 1)$

$\qquad\qquad = 3x^4 + x^3$

    Felly $\qquad \dfrac{dy}{dx} = 12x^3 + 3x^2$

$\qquad\qquad = 3x^2(4x + 1)$

> Lluoswch y cromfachau i roi ffwythiant polynomaidd.
>
> Differwch bob term.

c   Gadewch i $y = \dfrac{x - 2}{x^2}$

$\qquad\qquad = \dfrac{1}{x} - \dfrac{2}{x^2}$

$\qquad\qquad = x^{-1} - 2x^{-2}$

    Felly $\qquad \dfrac{dy}{dx} = -x^{-2} + 4x^{-3}$

$\qquad\qquad = \dfrac{-1}{x^2} + \dfrac{4}{x^3}$

$\qquad\qquad = \dfrac{-(x - 4)}{x^3}$

> Mynegwch y ffracsiwn sengl fel dau ffracsiwn ar wahân, a symleiddiwch $\dfrac{x}{x^2}$ i roi $\dfrac{1}{x}$.
>
> Yna mynegwch y mynegiadau cymarebol fel pwerau x negatif, a differwch.
>
> Symleiddiwch gan ddefnyddio enwadur cyffredin.

Ymarfer 7D

1 Defnyddiwch ganlyniadau safonol i ddifferu'r canlynol:

a $2\sqrt{x}$ **b** $\dfrac{3}{x^2}$ **c** $\dfrac{1}{3x^3}$

ch $\frac{1}{3}x^3(x-2)$ **d** $\dfrac{2}{x^3} + \sqrt{x}$ **dd** $\sqrt[3]{x} + \dfrac{1}{2x}$

e $\dfrac{2x+3}{x}$ **f** $\dfrac{3x^2-6}{x}$ **ff** $\dfrac{2x^3+3x}{\sqrt{x}}$

g $x(x^2-x+2)$ **ng** $3x^2(x^2+2x)$ **h**

     $(3x-2)\left(4x+\dfrac{1}{x}\right)$

2 Darganfyddwch raddiant y gromlin $y = f(x)$ ym mhwynt A pan fo:

a $f(x) = x(x+1)$ ac A yn $(0,0)$ **b** $f(x) = \dfrac{2x-6}{x^2}$ ac A yn $(3,0)$

c $f(x) = \dfrac{1}{\sqrt{x}}$ ac A yn $(\frac{1}{4}, 2)$ **ch** $f(x) = 3x - \dfrac{4}{x^2}$ ac A yn $(2,5)$

7.6 Gallwch ailadrodd y broses ddifferu i roi deilliad trefn dau.

■ Ysgrifennir deilliad trefn dau fel $\dfrac{d^2y}{dx^2}$, neu $f''(x)$ gan ddefnyddio nodiant ffwythiant.

Enghraifft 10

O wybod bod $y = 3x^5 + \dfrac{4}{x^2}$ darganfyddwch:

a $\dfrac{dy}{dx}$ **b** $\dfrac{d^2y}{dx^2}$

a $y = 3x^5 + \dfrac{4}{x^2}$

      $= 3x^5 + 4x^{-2}$ Mynegwch y ffracsiwn fel pŵer negatif.

Felly $\dfrac{dy}{dx} = 15x^4 - 8x^{-3}$ Differwch.

      $= 15x^4 - \dfrac{8}{x^3}$

b $\dfrac{d^2y}{dx^2} = 60x^3 + 24x^{-4}$ Differwch eto.

      $= 60x^3 + \dfrac{24}{x^4}$

Enghraifft 11

O wybod bod $f(x) = 3\sqrt{x} + \dfrac{1}{2x}$, darganfyddwch:

a $f'(x)$ **b** $f''(x)$

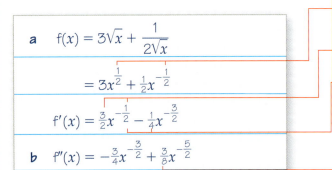

a $f(x) = 3\sqrt{x} + \dfrac{1}{2\sqrt{x}}$

$ = 3x^{\frac{1}{2}} + \dfrac{1}{2}x^{-\frac{1}{2}}$

$f'(x) = \dfrac{3}{2}x^{-\frac{1}{2}} - \dfrac{1}{4}x^{-\frac{3}{2}}$

b $f''(x) = -\dfrac{3}{4}x^{-\frac{3}{2}} + \dfrac{3}{8}x^{-\frac{5}{2}}$

Mynegwch yr israddau fel pwerau ffracsiynol.

Lluoswch 3 â $\frac{1}{2}$ a gostyngwch bŵer x.

Lluoswch $\frac{1}{2}$ â $-\frac{1}{2}$ a gostyngwch bŵer x.

Nodwch fod $\frac{1}{4} \times \frac{3}{2} = \frac{3}{8}$ a bod lluoswm dau rif negatif yn bositif.

Ymarfer 7Dd

Darganfyddwch $\dfrac{dy}{dx}$ a $\dfrac{d^2y}{dx^2}$ pan fo y yn hafal i:

1 $12x^2 + 3x + 8$

2 $15x + 6 + \dfrac{3}{x}$

3 $9\sqrt{x} - \dfrac{3}{x^2}$

4 $(5x + 4)(3x - 2)$

5 $\dfrac{3x + 8}{x^2}$

7.7 Rydych yn darganfod cyfradd newid ffwythiant f mewn pwynt penodol trwy ddefnyddio $f'(x)$ a rhoi gwerth x yn y ffwythiant hwn.

Yn y berthynas $y = f(x)$ mae x yn newidyn annibynnol ac y yn newidyn dibynnol. Yn aml mae'r newidynnau hyn yn cynrychioli symiau, pan fydd hi'n fwy ystyrlon defnyddio llythrennau, heblaw x ac y, i awgrymu beth yw'r symiau hyn.

Er enghraifft, mae'n arferol rhoi t am amser, V am gyfaint, P am boblogaeth, A am arwynebedd, r am radiws, s am ddadleoliad, h am uchder, v am gyflymder, θ am dymheredd, ac ati.

Felly gallai $\dfrac{dV}{dt}$ gynrychioli'r graddiant mewn graff cyfaint yn erbyn amser. Byddai felly'n cynrychioli cyfradd newid cyfaint mewn perthynas ag amser.

Hefyd gallai $\dfrac{dA}{dr}$ gynrychioli'r graddiant mewn graff arwynebedd yn erbyn radiws. Byddai felly'n cynrychioli cyfradd newid arwynebedd mewn perthynas â radiws.

Dylech wybod mai cyfradd newid cyflymder mewn perthynas ag amser yw cyflymiad, ac mai cyfradd newid dadleoliad mewn perthynas ag amser yw cyflymder.

Enghraifft 12

O wybod bod cyfaint (V cm³) sffêr sy'n ehangu yn cael ei gysylltu â'i radiws (r cm) yn y fformiwla $V = \frac{4}{3}\pi r^3$, darganfyddwch gyfradd newid y cyfaint mewn perthynas â'r radiws ar yr adeg pan fo'r radiws yn 5 cm.

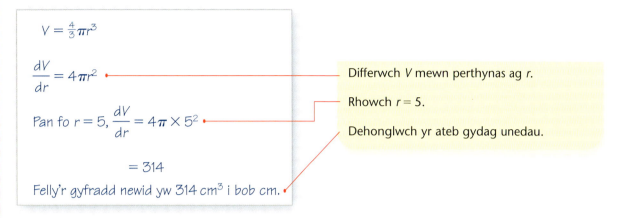

$$V = \tfrac{4}{3}\pi r^3$$

$$\frac{dV}{dr} = 4\pi r^2$$ • Differwch V mewn perthynas ag r.

Rhowch $r = 5$.

Pan fo $r = 5$, $\dfrac{dV}{dr} = 4\pi \times 5^2$ • Dehonglwch yr ateb gydag unedau.

$$= 314$$

Felly'r gyfradd newid yw 314 cm³ i bob cm.

Ymarfer 7E

1 Darganfyddwch $\dfrac{d\theta}{dt}$ lle mae $\theta = t^2 - 3t$

2 Darganfyddwch $\dfrac{dA}{dr}$ lle mae $A = 2\pi r$

3 Darganfyddwch $\dfrac{dr}{dt}$ lle mae $r = \dfrac{12}{t}$

4 Darganfyddwch $\dfrac{dv}{dt}$ lle mae $v = 9.8t + 6$

5 Darganfyddwch $\dfrac{dR}{dr}$ lle mae $R = r + \dfrac{5}{r}$

6 Darganfyddwch $\dfrac{dx}{dt}$ lle mae $x = 3 - 12t + 4t^2$

7 Darganfyddwch $\dfrac{dA}{dx}$ lle mae $A = x(10 - x)$

7.8 Gallwch ddefnyddio differu i ddarganfod graddiant tangiad i gromlin ac yna gallwch ddarganfod hafaliad y tangiad a'r normal i'r gromlin honno mewn pwynt penodol.

Mae graddiant tangiad ym mhwynt A $(a, f(a))$ yn $f'(a)$. Gallwch ddefnyddio'r fformiwla ar gyfer hafaliad llinell syth, $y - y_1 = m(x - x_1)$, i gael hafaliad y tangiad yn $(a, f(a))$.

■ **Hafaliad tangiad i gromlin ym mhwynt $(a, f(a))$ yw $y - f(a) = f'(a)(x - a)$.**

Diffinnir y normal i'r gromlin ym mhwynt A fel y llinell syth trwy A sy'n berpendicwlar i'r tangiad yn A (gweler y braslun gyferbyn).

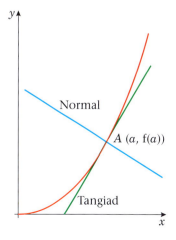

Mae graddiant y normal yn $-\dfrac{1}{f'(a)}$, gan fod lluoswm graddiannau llinellau sy'n ffurfio ongl sgwâr yn -1.

■ Hafaliad y normal ym mhwynt A yw $y - f(a) = -\dfrac{1}{f'(a)}(x - a)$.

Enghraifft 13

Darganfyddwch hafaliad y tangiad i'r gromlin $y = x^3 - 3x^2 + 2x - 1$ ym mhwynt $(3, 5)$.

$y = x^3 - 3x^2 + 2x - 1$

$\dfrac{dy}{dx} = 3x^2 - 6x + 2$ Yn gyntaf differwch i benderfynu beth yw graddiant y gromlin ac, o ganlyniad, graddiant y tangiad.

Pan fo $x = 3$, mae'r graddiant yn 11.   Yna rhowch werth x i gyfrifo gwerth graddiant y gromlin a'r tangiad pan fo $x = 3$.

Felly hafaliad y tangiad yn $(3, 5)$ yw

$y - 5 = 11(x - 3)$ Nawr gallwch ddefnyddio'r hafaliad llinell a symleiddio.

$y = 11x - 28$

Enghraifft 14

Darganfyddwch hafaliad y normal i gromlin $y = 8 - 3\sqrt{x}$ yn y pwynt lle mae $x = 4$.

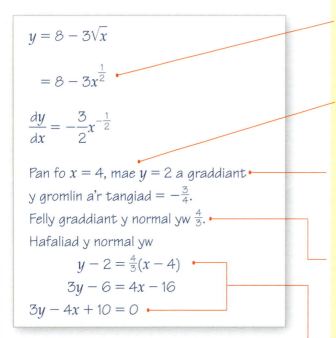

$y = 8 - 3\sqrt{x}$

$= 8 - 3x^{\frac{1}{2}}$ Mynegwch y ffwythiant yn syml fel pwerau x, a differwch i gael y ffwythiant graddiant.

$\dfrac{dy}{dx} = -\dfrac{3}{2}x^{-\frac{1}{2}}$

Pan fo $x = 4$, mae $y = 2$ a graddiant y gromlin a'r tangiad $= -\frac{3}{4}$.   Rydych yn darganfod cyfesuryn y pan fo $x = 4$ trwy roi'r gwerth yn hafaliad y gromlin a chyfrifo $8 - 3\sqrt{4}$.

Felly graddiant y normal yw $\frac{4}{3}$.   Yna darganfyddwch raddiant y gromlin, trwy gyfrifo

Hafaliad y normal yw $\dfrac{dy}{dx} = -\dfrac{3}{2}(4)^{-\frac{1}{2}} = -\dfrac{3}{2 \times 2}$.

$y - 2 = \frac{4}{3}(x - 4)$

$3y - 6 = 4x - 16$ Defnyddiwch raddiant y normal

$3y - 4x + 10 = 0$ $= -\dfrac{1}{\text{graddiant y gromlin}} = -\dfrac{1}{-\frac{3}{4}} = +\dfrac{4}{3}$.

Yna symleiddiwch trwy luosi'r ddwy ochr â 3 a chasglu termau.

Ymarfer 7F

1   Darganfyddwch hafaliad y tangiad i'r gromlin:

   a $y = x^2 - 7x + 10$ ym mhwynt $(2, 0)$ **b** $y = x + \dfrac{1}{x}$ ym mhwynt $(2, 2\frac{1}{2})$

   c $y = 4\sqrt{x}$ ym mhwynt $(9, 12)$ **ch** $y = \dfrac{2x - 1}{x}$ ym mhwynt $(1, 1)$

   d $y = 2x^3 + 6x + 10$ ym mhwynt $(-1, 2)$ **dd** $y = x^2 + \dfrac{-7}{x^2}$ ym mhwynt $(1, -6)$

2   Darganfyddwch hafaliad y normal i'r cromliniau canlynol:

   a $y = x^2 - 5x$ ym mhwynt $(6, 6)$ **b** $y = x^2 - \dfrac{8}{\sqrt{x}}$ ym mhwynt $(4, 12)$

3   Darganfyddwch gyfesurynnau'r pwynt lle mae'r tangiad i'r gromlin $y = x^2 + 1$ ym mhwynt $(2, 5)$ yn cyfarfod â'r normal i'r un gromlin ym mhwynt $(1, 2)$.

4   Darganfyddwch hafaliadau'r normalau i'r gromlin $y = x + x^3$ ym mhwyntiau $(0, 0)$ ac $(1, 2)$, a darganfyddwch gyfesurynnau'r pwynt lle mae'r normalau hyn yn cyfarfod.

5   Ar gyfer $f(x) = 12 - 4x + 2x^2$, darganfyddwch hafaliad y tangiad a'r normal yn y pwynt lle mae $x = -1$ ar y gromlin $y = f(x)$.   **A**

Ymarfer cymysg 7Ff

1   Hafaliad cromlin yw $y = 3x^2 + 3 + \dfrac{1}{x^2}$, lle mae $x > 0$. Ym mhwyntiau A, B ac C ar y gromlin, mae $x = 1$, 2 a 3 yn eu tro. Darganfyddwch y graddiannau yn A, B ac C.   **A**

2   O gymryd bod $f(x) = \frac{1}{4}x^4 - 4x^2 + 25$, darganfyddwch werthoedd x pan fo $f'(x) = 0$.   **A**

3   Mae cromlin yn cael ei llunio â'r hafaliad $y = 3 + 5x + x^2 - x^3$. Darganfyddwch gyfesurynnau'r ddau bwynt ar y gromlin lle mae graddiant y gromlin yn sero.   **A**

4   Cyfrifwch gyfesurynnau x y pwyntiau ar y gromlin $y = 7x^2 - x^3$ lle mae'r graddiant yn hafal i 16.   **A**

5   Darganfyddwch gyfesurynnau x y ddau bwynt ar y gromlin $y = x^3 - 11x + 1$ lle mae'r graddiant yn 1. Darganfyddwch y cyfesurynnau y cyfatebol.   **A**

6   Diffinnir ffwythiant f gan $f(x) = x + \dfrac{9}{x}$, $x \in \mathbb{R}$, $x \neq 0$.

   a Darganfyddwch $f'(x)$.   **b** Datryswch $f'(x) = 0$.

7   O wybod bod

   $$y = x^{\frac{3}{2}} + \dfrac{48}{x}, \quad x > 0,$$

   darganfyddwch werth x a gwerth y pan fo $\dfrac{dy}{dx} = 0$.   **A**

8   O wybod bod

   $$y = 3x^{\frac{1}{2}} - 4x^{-\frac{1}{2}}, \quad x > 0,$$

   darganfyddwch $\dfrac{dy}{dx}$.   **A**

9 Hafaliad cromlin yw $y = 12x^{\frac{1}{2}} - x^{\frac{3}{2}}$.

   a Dangoswch fod $\dfrac{\mathrm{d}y}{\mathrm{d}x} = \dfrac{3}{2}x^{-\frac{1}{2}}(4 - x)$

   b Darganfyddwch gyfesurynnau'r pwynt ar y gromlin lle mae'r graddiant yn sero. Ⓐ

10 a Ehangwch $(x^{\frac{3}{2}} - 1)(x^{-\frac{1}{2}} + 1)$.

   b Hafaliad cromlin yw $y = (x^{\frac{3}{2}} - 1)(x^{-\frac{1}{2}} + 1)$, $x > 0$. Darganfyddwch $\dfrac{\mathrm{d}y}{\mathrm{d}x}$.

   c Defnyddiwch eich ateb i **b** i gyfrifo graddiant y gromlin yn y pwynt lle mae $x = 4$. Ⓐ

11 Differwch mewn perthynas ag x:

$$2x^3 + \sqrt{x} + \dfrac{x^2 + 2x}{x^2}$$ Ⓐ

12 Mae'r fformiwla $V = \pi(40r - r^2 - r^3)$ yn rhoi cyfaint, V cm^3, tun, radiws r cm. Darganfyddwch werth positif r pan fo $\dfrac{\mathrm{d}V}{\mathrm{d}r} = 0$, a darganfyddwch werth V sy'n cyfateb i'r gwerth r hwn. Ⓐ

13 Rhoddir cyfanswm arwynebedd arwyneb silindr A cm^2 sydd â chyfaint sefydlog o 1000 cm ciwbig gan y fformiwla $A = 2\pi x^2 + \dfrac{2000}{x}$, lle mae x cm yn cynrychioli'r radiws. Dangoswch, pan fydd cyfradd newid yr arwynebedd mewn perthynas â'r radiws yn sero, fod $x^3 = \dfrac{500}{\pi}$.

14 Mae'r gromlin $y = ax^2 + bx + c$ yn mynd trwy bwynt $(1, 2)$. Mae graddiant y gromlin yn sero ym mhwynt $(2, 1)$. Darganfyddwch werthoedd a, b ac c. Ⓐ

15 Hafaliad cromlin C yw $y = x^3 - 5x^2 + 5x + 2$.

   a Darganfyddwch $\dfrac{\mathrm{d}y}{\mathrm{d}x}$ yn nhermau x.

   b Mae pwyntiau P a Q ar C. Mae graddiant C yn P a Q yn 2. Cyfesuryn x pwynt P yw 3.

      i Darganfyddwch gyfesuryn x pwynt Q.

      ii Darganfyddwch hafaliad y tangiad i C yn P, gan roi eich ateb yn y ffurf $y = mx + c$, lle mae m ac c yn gysonion.

      iii Os yw'r tangiad hwn yn croestorri'r echelinau cyfesurynnol ym mhwyntiau R ac S, darganfyddwch hyd RS, gan roi eich ateb ar ffurf swrd.

16 Darganfyddwch hafaliad y tangiad a'r normal yn y pwynt lle mae $x = 2$

   ar y gromlin $y = \dfrac{8}{x} - x + 3x^2$, $x > 0$.

17 Mae'r normalau i'r gromlin $2y = 3x^3 - 7x^2 + 4x$, ym mhwyntiau $O(0, 0)$ ac $A(1, 0)$, yn cyfarfod ym mhwynt N.

   a Darganfyddwch gyfesurynnau N.

   b Cyfrifwch arwynebedd triongl OAN. Ⓐ

Crynodeb o'r pwyntiau allweddol

1 Mae graddiant y gromlin $y = f(x)$ mewn pwynt penodol yn hafal i raddiant y tangiad i'r gromlin yn y pwynt hwnnw.

2 Graddiant y tangiad mewn unrhyw bwynt penodol yw cyfradd newid y mewn perthynas ag x.

3 Rhoddir y fformiwla graddiant ar gyfer $y = f(x)$ gan yr hafaliad graddiant $= f'(x)$ lle gelwir $f'(x)$ yn ffwythiant deilliadol.

4 Os yw $f(x) = x^n$, yna $f'(x) = nx^{n-1}$.

> **Awgrym:** Rydych yn tynnu 1 o'r pŵer ac mae'r pŵer gwreiddiol yn lluosi'r mynegiad.

5 Gall $\dfrac{dy}{dx}$ hefyd gynrychioli graddiant cromlin.

6 Gelwir $\dfrac{dy}{dx}$ yn ddeilliad y mewn perthynas ag x a gelwir y broses o ddarganfod $\dfrac{dy}{dx}$ pan fo y yn hysbys yn ddifferu.

7 $y = f(x)$, $\dfrac{dy}{dx} = f'(x)$

8 $y = x^n$, $\dfrac{dy}{dx} = nx^{n-1}$ ar gyfer holl werthoedd real n.

9 Gellir dangos hefyd, os yw $x = ax^n$ lle mae a yn gysonyn, bod $\dfrac{dy}{dx} = nax^{n-1}$.

> **Awgrym:** Unwaith eto rydych yn tynnu 1 o'r pŵer ac mae'r pŵer gwreiddiol yn lluosi'r mynegiad.

10 Os $y = f(x) \pm g(x)$ yna $\dfrac{dy}{dx} = f'(x) \pm g'(x)$.

11 Mae deilliad trefn dau yn cael ei ysgrifennu fel $\dfrac{d^2y}{dx^2}$, neu $f''(x)$ gan ddefnyddio nodiant ffwythiant.

12 Rydych yn darganfod cyfradd newid ffwythiant f mewn pwynt penodol trwy ddefnyddio $f'(x)$ a rhoi gwerth x yn y ffwythiant hwn.

13 Hafaliad y tangiad i'r gromlin $y = f(x)$ ym mhwynt A, $(a, f(a))$ yw $y - f(a) = f'(a)(x - a)$.

14 Hafaliad y normal i'r gromlin $y = f(x)$ ym mhwynt A, $(a, f(a))$ yw $y - f(a) = -\dfrac{1}{f'(a)}(x - a)$.

8 Integru

Mae'r bennod hon yn eich cyflwyno i'r broses sy'n groes i ddifferu, sef integru.

8.1 **Gallwch integru ffwythiannau yn y ffurf $f(x) = ax^n$ lle mae $n \in \mathbb{R}$ ac a yn gysonyn.**

Ym Mhennod 7 gwelsoch, os yw $y = x^2$

yna $\dfrac{dy}{dx} = 2x$.

Hefyd os yw $y = x^2 + 1$

yna $\dfrac{dy}{dx} = 2x$.

Felly os yw $y = x^2 + c$ lle mae c yn gysonyn

yna $\dfrac{dy}{dx} = 2x$.

Integru yw'r broses o ddarganfod y pan wyddoch beth yw $\dfrac{dy}{dx}$.

Os yw $\dfrac{dy}{dx} = 2x$

yna $y = x^2 + c$ lle mae c yn gysonyn.

■ Os yw $\dfrac{dy}{dx} = x^n$, yna $y = \dfrac{1}{n+1}x^{n+1} + c$, $n \neq -1$.

> **Awgrym:** Gelwir hyn yn integru amhendant oherwydd ni fedrwch ddarganfod y cysonyn.

Enghraifft 1

Darganfyddwch y ar gyfer y canlynol:

a $\dfrac{dy}{dx} = x^4$ **b** $\dfrac{dy}{dx} = x^{-5}$

> $\dfrac{dy}{dx} = x^n$ lle mae $n = 4$.
>
> Felly defnyddiwch $y = \dfrac{1}{n+1}x^{n+1} + c$ ar gyfer $n = 4$.

a $\dfrac{dy}{dx} = x^4$

$y = \dfrac{x^5}{5} + c$

> Adiwch 1 at y pŵer.
>
> Rhannwch â'r pŵer newydd a pheidiwch ag anghofio adio c.

b $\dfrac{dy}{dx} = x^{-5}$

$y = \dfrac{x^{-4}}{-4} + c$

$= -\dfrac{1}{4}x^{-4} + c$

> Cofiwch fod adio 1 at y pŵer yn rhoi $-5 + 1 = -4$.
>
> Rhannwch â'r pŵer newydd (-4) ac adiwch c.

Enghraifft 2

Darganfyddwch y ar gyfer y canlynol:

a $\dfrac{dy}{dx} = 2x^3$　　　　　　　**b** $\dfrac{dy}{dx} = 3x^{\frac{1}{2}}$

a　$\dfrac{dy}{dx} = 2x^3$

$= 2 \times x^3$

Felly $y = 2 \times \dfrac{x^4}{4} + c$

$= \dfrac{x^4}{2} + c$

> Defnyddiwch y fformiwla yn gyntaf gydag $n = 3$.
>
> Yna symleiddiwch $\frac{2}{4}$ yn $\frac{1}{2}$.
>
> Gwiriwch $\dfrac{dy}{dx} = \dfrac{4x^3}{2} = 2x^3$.

b　$\dfrac{dy}{dx} = 3x^{\frac{1}{2}}$

Felly $y = 3 \times \dfrac{x^{\frac{3}{2}}}{\frac{3}{2}} + c$

$= 2x^{\frac{3}{2}} + c$

> Mae hi bob amser yn werth ysgrifennu'r llinell hon oherwydd weithiau rhoddir marciau am fynegiadau sydd heb eu symleiddio.
>
> Cofiwch fod $3 \div \frac{3}{2} = 3 \times \frac{2}{3} = 2$.
>
> Mae hi bob amser yn werth symleiddio eich atebion oherwydd efallai y bydd angen i chi ddefnyddio'r mynegiad hwn yn nes ymlaen yn y cwestiwn.

Sylwch eich bod yn trin $\dfrac{dy}{dx} = x^n$ a $\dfrac{dy}{dx} = kx^n$ yn yr un modd.

Dim ond pan fyddwch yn integru y byddwch yn ystyried y term x^n.

Felly, yn gyffredinol

■ Os yw $\dfrac{dy}{dx} = kx^n$, yna $y = \dfrac{kx^{n+1}}{n+1} + c, \; n \neq -1$.

Ymarfer 8A

Darganfyddwch fynegiad ar gyfer y pan fo $\dfrac{dy}{dx}$ yn:

1 x^5	**2** $10x^4$	**3** $3x^2$
4 $-x^{-2}$	**5** $-4x^{-3}$	**6** $x^{\frac{2}{3}}$
7 $4x^{\frac{1}{2}}$	**8** $-2x^6$	**9** $3x^5$
10 $3x^{-4}$	**11** $x^{-\frac{1}{2}}$	**12** $5x^{-\frac{3}{2}}$
13 $-2x^{-\frac{3}{2}}$	**14** $6x^{\frac{1}{3}}$	**15** $36x^{11}$
16 $-14x^{-8}$	**17** $-3x^{-\frac{2}{3}}$	**18** -5
19 $6x$	**20** $2x^{-0.4}$	

8.2 Gallwch ddefnyddio egwyddor integru gyda phob term yn $\frac{dy}{dx}$ ar wahân.

Enghraifft 3

Os wybod bod $\frac{dy}{dx} = 6x + 2x^{-3} - 3x^{\frac{1}{2}}$, darganfyddwch y.

$$y = \frac{6x^2}{2} + \frac{2}{-2}x^{-2} - \frac{3}{\frac{3}{2}}x^{\frac{3}{2}} + c$$

$$= 3x^2 - x^{-2} - 2x^{\frac{3}{2}} + c$$

Defnyddiwch y rheol o Adran 8.1 gyda phob term yn y mynegiad.

Yna symleiddiwch bob term a pheidiwch ag anghofio adio c.

Ym Mhennod 7 gwelsoch, os yw $y = f(x)$, fod $\frac{dy}{dx} = f'(x)$.

Awgrym: Defnyddir y ddau fath o nodiant yn yr ymarfer nesaf. Weithiau dywedwn mai integryn $\frac{dy}{dx}$ yw y neu mai integryn $f'(x)$ yw $f(x)$.

Ymarfer 8B

1 Darganfyddwch y pan roddir $\frac{dy}{dx}$ gan y mynegiadau canlynol.

Ym mhob achos symleiddiwch eich ateb.

a $4x - x^{-2} + 6x^{\frac{1}{2}}$

b $15x^2 + 6x^{-3} - 3x^{-\frac{5}{2}}$

c $x^3 - \frac{3}{2}x^{-\frac{1}{2}} - 6x^{-2}$

ch $4x^3 + x^{-\frac{2}{3}} - x^{-2}$

d $4 - 12x^{-4} + 2x^{-\frac{1}{2}}$

dd $5x^{\frac{2}{3}} - 10x^4 + x^{-3}$

e $-\frac{4}{3}x^{-\frac{4}{3}} - 3 + 8x$

f $5x^4 - x^{-\frac{3}{2}} - 12x^{-5}$

2 Darganfyddwch $f(x)$ pan roddir $f'(x)$ gan y mynegiadau canlynol.
Ym mhob achos symleiddiwch eich ateb.

a $12x + \frac{3}{2}x^{-\frac{3}{2}} + 5$

b $6x^5 + 6x^{-7} - \frac{1}{6}x^{-\frac{7}{6}}$

c $\frac{1}{2}x^{-\frac{1}{2}} - \frac{1}{2}x^{-\frac{3}{2}}$

ch $10x + 8x^{-3}$

d $2x^{-\frac{1}{3}} + 4x^{-\frac{5}{3}}$

dd $9x^2 + 4x^{-3} + \frac{1}{4}x^{-\frac{1}{2}}$

e $x^2 + x^{-2} + x^{\frac{1}{2}}$

f $-2x^{-3} - 2x + 2x^{\frac{1}{2}}$

8.3 Mae angen i chi allu defnyddio'r arwydd integru.

Dynodir integriad x^n gan $\int x^n\,\mathrm{d}x$ a'r fformiwla a welsoch yn Adran 8.1 yw:

■
$$\int x^n\mathrm{d}x = \frac{x^{n+1}}{n+1} + c, \quad n \neq -1$$

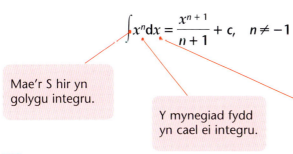

Mae'r S hir yn golygu integru.

Y mynegiad fydd yn cael ei integru.

Mae'r $\mathrm{d}x$ hwn yn dweud wrthych pa lythren yw'r newidyn y dylid ei integru mewn perthynas ag ef. Gweler enghraifft 4.

Enghraifft 4

Darganfyddwch:

a $\displaystyle\int (x^{\frac{1}{2}} + 2x^3)\mathrm{d}x$ **b** $\displaystyle\int (x^{-\frac{3}{2}} + 2)\mathrm{d}x$

c $\displaystyle\int (3x^2 + p^2x^{-2} + q)\mathrm{d}x$ **ch** $\displaystyle\int (4t^2 + 6)\mathrm{d}t$

---

a $\displaystyle\int (x^{\frac{1}{2}} + 2x^3)\,dx$

$= \dfrac{x^{\frac{3}{2}}}{\frac{3}{2}} + \dfrac{2x^4}{4} + c$

$= \dfrac{2}{3}x^{\frac{3}{2}} + \dfrac{1}{2}x^4 + c$

Yn gyntaf defnyddiwch y rheol fesul term. Yna symleiddiwch bob term.

b $\displaystyle\int (x^{-\frac{3}{2}} + 2)\,dx$

$= \dfrac{x^{-\frac{1}{2}}}{-\frac{1}{2}} + 2x + c$

$= -2x^{-\frac{1}{2}} + 2x + c$

Cofiwch fod $\dfrac{-3}{2} + 1 = -\dfrac{1}{2}$ ac integryn cysonyn megis 2 yw $2x$.

c $\displaystyle\int (3x^2 + p^2x^{-2} + q)\,dx$

$= \dfrac{3x^3}{3} + \dfrac{p^2}{-1}x^{-1} + qx + c$

$= x^3 - p^2x^{-1} + qx + c$

Mae'r $\mathrm{d}x$ yn dweud wrthych bod angen integru mewn perthynas â'r newidyn x, felly rhaid trin unrhyw lythrennau eraill fel cysonion.

ch $\displaystyle\int (4t^2 + 6)\,dt$

$= \dfrac{4t^3}{3} + 6t + c$

Mae'r $\mathrm{d}t$ yn dweud wrthych bod yn rhaid i chi integru mewn perthynas â t y tro hwn.

Ymarfer 8C

Darganfyddwch yr integrynnau canlynol:

1 $\int(x^3 + 2x)dx$

2 $\int(2x^{-2} + 3)dx$

3 $\int(5x^{\frac{3}{2}} - 3x^2)dx$

4 $\int(2x^{\frac{1}{2}} - 2x^{-\frac{1}{2}} + 4)dx$

5 $\int(4x^3 - 3x^{-4} + r)dx$

6 $\int(3t^2 - t^{-2})dt$

7 $\int(2t^2 - 3t^{-\frac{3}{2}} + 1)dt$

8 $\int(x + x^{-\frac{1}{2}} + x^{-\frac{3}{2}})dx$

9 $\int(px^4 + 2t + 3x^{-2})dx$

10 $\int(pt^3 + q^2 + px^3)dt$

8.4 Mae angen i chi symleiddio mynegiad yn dermau gwahanol yn y ffurf x^n, $n \in \mathbb{R}$, cyn integru.

Enghraifft 5

Darganfyddwch yr integrynnau canlynol:

a $\int\left(\dfrac{2}{x^3} - 3\sqrt{x}\right)dx$

b $\int x\left(x^2 + \dfrac{2}{x}\right)dx$

c $\int\left[(2x)^2 + \dfrac{\sqrt{x} + 5}{x^2}\right]dx$

a $\int\left(\dfrac{2}{x^3} - 3\sqrt{x}\right)dx$

$= \int(2x^{-3} - 3x^{\frac{1}{2}})dx$ •————— Yn gyntaf ysgrifennwch bob term yn y ffurf x^n.

$= \dfrac{2}{-2}x^{-2} - \dfrac{3}{\frac{3}{2}}x^{\frac{3}{2}} + c$ •————— Defnyddiwch y rheol fesul term.

$= -x^{-2} - 2x^{\frac{3}{2}} + c$ •————— Yna symleiddiwch bob term.

neu $= -\dfrac{1}{x^2} - 2\sqrt{x^3} + c$ •————— Weithiau mae'n ddefnyddiol ysgrifennu'r ateb yn yr un ffurf â'r cwestiwn.

b $\int x\left(x^2 + \dfrac{2}{x}\right)dx$

$= \int(x^3 + 2)dx$ •————— Yn gyntaf diddymwch y cromfachau.

$= \dfrac{x^4}{4} + 2x + c$ •————— Yna defnyddiwch y rheol gyda phob term.

c $\displaystyle\int\left[(2x)^2 + \frac{\sqrt{x}+5}{x^2}\right]dx$

$\displaystyle=\int\left[4x^2 + \frac{x^{\frac{1}{2}}}{x^2} + \frac{5}{x^2}\right]dx$ •——— Symleiddiwch $(2x)^2$ ac ysgrifennwch $\sqrt{x}$ fel $x^{\frac{1}{2}}$.

$\displaystyle=\int(4x^2 + x^{-\frac{3}{2}} + 5x^{-2})dx$ •——— Ysgrifennwch bob term yn y ffurf x^n.

$\displaystyle=\frac{4}{3}x^3 + \frac{x^{-\frac{1}{2}}}{-\frac{1}{2}} + \frac{5x^{-1}}{-1} + c$ •——— Defnyddiwch y rheol fesul term.

•——— Yn olaf, symleiddiwch yr ateb.

$\displaystyle=\frac{4}{3}x^3 - 2x^{-\frac{1}{2}} - 5x^{-1} + c$

neu $\displaystyle=\frac{4}{3}x^3 - \frac{2}{\sqrt{x}} - \frac{5}{x} + c$

Ymarfer 8Ch

1 Darganfyddwch yr integrynnau canlynol:

a $\displaystyle\int(2x+3)x^2\,dx$
b $\displaystyle\int\frac{(2x^2+3)}{x^2}\,dx$
c $\displaystyle\int(2x+3)^2\,dx$

ch $\displaystyle\int(2x+3)(x-1)\,dx$
d $\displaystyle\int(2x+3)\sqrt{x}\,dx$

2 Darganfyddwch $\int f(x)dx$ pan roddir $f(x)$ gan y canlynol:

a $(x+2)^2$
b $\left(x+\dfrac{1}{x}\right)^2$
c $(\sqrt{x}+2)^2$

ch $\sqrt{x}(x+2)$
d $\left(\dfrac{x+2}{\sqrt{x}}\right)$
dd $\left(\dfrac{1}{\sqrt{x}} + 2\sqrt{x}\right)$

3 Darganfyddwch yr integrynnau canlynol:

a $\displaystyle\int\left(3\sqrt{x} + \frac{1}{x^2}\right)dx$
b $\displaystyle\int\left(\frac{2}{\sqrt{x}} + 3x^2\right)dx$

c $\displaystyle\int\left(x^{\frac{2}{3}} + \frac{4}{x^3}\right)dx$
ch $\displaystyle\int\left(\frac{2+x}{x^3} + 3\right)dx$

d $\displaystyle\int(x^2+3)(x-1)dx$
dd $\displaystyle\int\left(\frac{2}{\sqrt{x}} + 3x\sqrt{x}\right)dx$

e $\displaystyle\int(x-3)^2\,dx$
f $\displaystyle\int\frac{(2x+1)^2}{\sqrt{x}}\,dx$

ff $\displaystyle\int\left(3 + \frac{\sqrt{x}+6x^3}{x}\right)dx$
g $\displaystyle\int\sqrt{x}(\sqrt{x}+3)^2\,dx$

8.5 Gallwch ddarganfod y cysonyn integru, c, pan roddir i chi unrhyw bwynt (x, y) y mae cromlin y ffwythiant yn mynd drwyddo.

Enghraifft 6

Mae C, sef y gromlin $y = f(x)$, yn mynd trwy bwynt $(4, 5)$. O wybod bod $f'(x) = \dfrac{x^2 - 2}{\sqrt{x}}$, darganfyddwch hafaliad C.

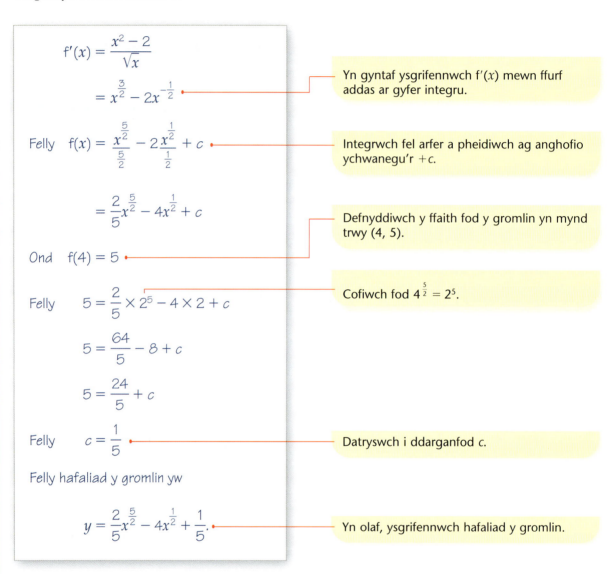

$$f'(x) = \frac{x^2 - 2}{\sqrt{x}}$$

$$= x^{\frac{3}{2}} - 2x^{-\frac{1}{2}}$$

Yn gyntaf ysgrifennwch $f'(x)$ mewn ffurf addas ar gyfer integru.

Felly $\quad f(x) = \dfrac{x^{\frac{5}{2}}}{\frac{5}{2}} - \dfrac{2x^{\frac{1}{2}}}{\frac{1}{2}} + c$

Integrwch fel arfer a pheidiwch ag anghofio ychwanegu'r $+c$.

$$= \frac{2}{5}x^{\frac{5}{2}} - 4x^{\frac{1}{2}} + c$$

Defnyddiwch y ffaith fod y gromlin yn mynd trwy $(4, 5)$.

Ond $\quad f(4) = 5$

Felly $\quad 5 = \dfrac{2}{5} \times 2^5 - 4 \times 2 + c$

Cofiwch fod $4^{\frac{5}{2}} = 2^5$.

$$5 = \frac{64}{5} - 8 + c$$

$$5 = \frac{24}{5} + c$$

Felly $\quad c = \dfrac{1}{5}$

Datryswch i ddarganfod c.

Felly hafaliad y gromlin yw

$$y = \frac{2}{5}x^{\frac{5}{2}} - 4x^{\frac{1}{2}} + \frac{1}{5}.$$

Yn olaf, ysgrifennwch hafaliad y gromlin.

Ymarfer 8D

1 Darganfyddwch hafaliad y gromlin â'r $\dfrac{dy}{dx}$ a roddir, sy'n mynd trwy'r pwynt a roddir:

a $\dfrac{dy}{dx} = 3x^2 + 2x;$ pwynt $(2, 10)$

b $\dfrac{dy}{dx} = 4x^3 + \dfrac{2}{x^3} + 3;$ pwynt $(1, 4)$

c $\quad \dfrac{dy}{dx} = \sqrt{x} + \dfrac{1}{4}x^2;$ $\qquad$ pwynt $(4, 11)$

ch $\quad \dfrac{dy}{dx} = \dfrac{3}{\sqrt{x}} - x;$ $\qquad$ pwynt $(4, 0)$

d $\quad \dfrac{dy}{dx} = (x + 2)^2;$ $\qquad$ pwynt $(1, 7)$

dd $\quad \dfrac{dy}{dx} = \dfrac{x^2 + 3}{\sqrt{x}};$ $\qquad$ pwynt $(0, 1)$

2 Mae C, sef y gromlin $y = f(x)$, yn mynd trwy bwynt $(1, 2)$ ac $f'(x) = 2x^3 - \dfrac{1}{x^2}$.

Darganfyddwch hafaliad C yn y ffurf $y = f(x)$.

3 Mae $\dfrac{dy}{dx} = \dfrac{\sqrt{x} + 3}{x^2}$ yn rhoi graddiant cromlin arbennig. O wybod bod y gromlin yn

mynd trwy bwynt $(9, 0)$, darganfyddwch hafaliad y gromlin.

4 Mae pob cromlin mewn set yn mynd trwy'r tardd. Hafaliadau'r cromliniau yw $y = f_1(x)$,
$y = f_2(x)$, $y = f_3(x)$ ... lle mae $f'_n(x) = f_{n-1}(x)$ ac $f_1(x) = x^2$.

a Darganfyddwch $f_2(x)$, $f_3(x)$.

b Awgrymwch fynegiad ar gyfer $f_n(x)$.

5 Mae pob cromlin mewn set yn mynd trwy'r pwynt $(0, 1)$. Eu hafaliadau yw
$y = f_1(x)$, $y = f_2(x)$, $y = f_3(x)$ ac fe'u cysylltir gan y briodwedd $f'_n(x) = f_{n-1}(x)$ ac $f_1(x) = 1$.
Darganfyddwch $f_2(x)$, $f_3(x)$, $f_4(x)$.

Ymarfer cymysg 8Dd

1 Darganfyddwch:

a $\displaystyle\int (x + 1)(2x - 5)dx$ $\qquad\qquad$ **b** $\displaystyle\int (x^{\frac{1}{3}} + x^{-\frac{1}{3}})dx.$

2 Rhoddir graddiant cromlin gan $f'(x) = x^2 - 3x - \dfrac{2}{x^2}$. O wybod bod y gromlin yn mynd

trwy bwynt $(1, 1)$, darganfyddwch hafaliad y gromlin yn y ffurf $y = f(x)$.

3 Darganfyddwch:

a $\displaystyle\int (8x^3 - 6x^2 + 5)dx$ $\qquad\qquad$ **b** $\displaystyle\int (5x + 2)x^{\frac{1}{2}}\, dx.$

4 O wybod bod $y = \dfrac{(x + 1)(2x - 3)}{\sqrt{x}}$, darganfyddwch $\int y dx$.

5 O wybod bod $\dfrac{dx}{dt} = 3t^2 - 2t + 1$ a bod $x = 2$ pan fo $t = 1$, darganfyddwch werth x pan fo $t = 2$.

6 O wybod bod $y = 3x^{\frac{1}{2}} + 2x^{-\frac{1}{2}}$, $x > 0$, darganfyddwch $\int y dx$.

7 O wybod bod $\dfrac{dx}{dt} = (t + 1)^2$ a bod $x = 0$ pan fo $t = 2$, darganfyddwch werth x pan fo $t = 3$.

8 O wybod bod $y^{\frac{1}{2}} = x^{\frac{1}{3}} + 3$:

   a dangoswch fod $y = x^{\frac{2}{3}} + Ax^{\frac{1}{3}} + B$, lle mae A a B yn gysonion y mae angen eu darganfod.

   b Trwy wneud hyn darganfyddwch $\int y\, dx$. Ⓐ

9 O wybod bod $y = 3x^{\frac{1}{2}} - 4x^{-\frac{1}{2}}$ ($x > 0$):

   a darganfyddwch $\dfrac{dy}{dx}$.

   b darganfyddwch $\int y\, dx$. Ⓐ

10 Darganfyddwch $\int (x^{\frac{1}{2}} - 4)(x^{-\frac{1}{2}} - 1)\, dx$. Ⓐ

Crynodeb o'r pwyntiau allweddol

1 Os yw $\dfrac{dy}{dx} = x^n$, yna $y = \dfrac{1}{n+1}x^{n+1} + c$ $(n \neq -1)$.

2 Os yw $\dfrac{dy}{dx} = kx^n$, yna $y = \dfrac{kx^{n+1}}{n+1} + c$ $(n \neq -1)$.

3 $\int x^n dx = \dfrac{x^{n+1}}{n+1} + c$ $(n \neq -1)$.

Papur Arholiad Enghreifftiol

Ni chewch ddefnyddio cyfrifiannell wrth ateb y papur hwn.

Mae'n rhaid i chi ddangos gwaith cyfrifo digonol i wneud eich dulliau yn eglur.

Ni fydd atebion heb waith cyfrifo yn ennill marciau.

1 a Ysgrifennwch werth $16^{\frac{1}{2}}$. (1)

b Trwy wneud hyn darganfyddwch werth $16^{\frac{3}{2}}$. (2)

2 Darganfyddwch $\int (6x^2 + \sqrt{x})dx$. (4)

3 Diffinnir dilyniant $a_1, a_2, a_3, \dots a_n$ gan

$$a_1 = 2, \quad a_{n+1} = 2a_n - 1.$$

a Ysgrifennwch werth a_2 a gwerth a_3. (2)

b Cyfrifwch $\sum_{r=1}^{5} a_r$. (2)

4 a Mynegwch $(5 + \sqrt{2})^2$ yn y ffurf $a + b\sqrt{2}$, lle mae a a b yn gyfanrifau. (3)

b Trwy wneud hyn, neu fel arall, symleiddiwch $(5 + \sqrt{2})^2 - (5 - \sqrt{2})^2$. (2)

5 Datryswch yr hafaliadau cydamserol:

$$x - 3y = 6$$
$$3xy + x = 24$$ (7)

6 Cyfesurynnau pwyntiau A a B yw $(-3, 8)$ a $(5, 4)$ yn eu tro.
Mae'r llinell syth l_1 yn mynd trwy A a B.

a Darganfyddwch hafaliad ar gyfer l_1, gan roi eich ateb yn y ffurf $ax + by + c = 0$,
lle mae a, b ac c yn gyfanrifau. (4)

b Mae llinell syth arall l_2 yn berpendicwlar i l_1 ac yn mynd trwy'r tardd.
Darganfyddwch hafaliad ar gyfer l_2. (2)

c Mae llinellau l_1 ac l_2 yn croestorri ym mhwynt P. Defnyddiwch algebra i ddarganfod
cyfesurynnau P. (3)

7 Ar ddiagramau ar wahân, brasluniwch y cromliniau canlynol:

a $y = \dfrac{2}{x}$, $\quad -2 \leqslant x \leqslant 2, x \neq 0$ (2)

b $y = \dfrac{2}{x} - 4$, $\quad -2 \leqslant x \leqslant 2, x \neq 0$ (3)

c $y = \dfrac{2}{x+1}$, $\quad -2 \leqslant x \leqslant 2, x \neq -1$ (3)

Ym mhob rhan, dangoswch yn glir gyfesurynnau unrhyw bwynt lle mae'r gromlin yn
cyfarfod ag echelin x neu echelin y.

8 Yn y flwyddyn 2001, llwyddodd gwerthwr ceir i werthu 400 car newydd. Mae model sy'n dangos gwerthiant yn y dyfodol yn cymryd yn ganiatol y bydd gwerthiant yn cynyddu yn ôl x car y flwyddyn yn ystod y 10 mlynedd nesaf, fel bo $(400 + x)$ o geir yn cael eu gwerthu yn 2002, $(400 + 2x)$ o geir yn cael eu gwerthu yn 2003, ac yn y blaen. Gan ddefnyddio'r model hwn gydag $x = 30$, cyfrifwch:

  a nifer y ceir a fydd yn cael eu gwerthu yn y flwyddyn 2010. (2)

  b cyfanswm nifer y ceir a fydd yn cael eu gwerthu dros y 10 mlynedd o 2001 hyd at 2010. (3)

Mae'r gwerthwr eisiau gwerthu o leiaf 6000 o geir dros y cyfnod o 10 mlynedd. Gan ddefnyddio'r un model:

  c beth yw gwerth lleiaf x y bydd ei angen i gyrraedd y targed hwn? (4)

9 a O wybod bod

$$x^2 + 4x + c = (x + a)^2 + b$$

lle mae a, b ac c yn gysonion:
  i darganfyddwch werth a. (1)
  ii darganfyddwch b yn nhermau c. (2)
O wybod hefyd fod gan hafaliad $x^2 + 4x + c = 0$ wreiddiau real anhafal:
  iii darganfyddwch amrediad y gwerthoedd c posibl. (2)

  b Darganfyddwch y set o werthoedd x pan fo:
  i $3x < 20 - x$, (2)
  ii $x^2 + 4x - 21 > 0$, (4)
  iii $3x < 20 - x$ a hefyd $x^2 + 4x - 21 > 0$. (2)

10 a Dangoswch ei bod yn bosibl ysgrifennu $\dfrac{(3x - 4)^2}{x^2}$ fel $P + \dfrac{Q}{x} + \dfrac{R}{x^2}$, lle mae P, Q ac R yn gysonion y mae angen eu darganfod. (3)

  b Hafaliad cromlin C yw $y = \dfrac{(3x - 4)^2}{x^2}$, $x \neq 0$. Darganfyddwch raddiant y tangiad i C yn y pwynt ar C lle mae $x = -2$. (5)

  c Darganfyddwch hafaliad y normal i C yn y pwynt ar C lle mae $x = -2$, gan roi eich ateb yn y ffurf $ax + by + c = 0$, lle mae a, b ac c yn gyfanrifau. (5)

Fformiwlâu y mae angen i chi eu cofio

Dyma'r fformiwlâu y mae angen i chi eu cofio ar gyfer yr arholiadau. Ni fyddant yn cael eu cynnwys mewn llyfrynnau fformiwlâu.

Hafaliadau cwadratig

Gwreiddiau $ax^2 + bx + c = 0$ yw $\dfrac{-b \pm \sqrt{b^2 - 4ac}}{2a}$

Differu

Deilliad x^n yw nx^{n-1}

Integru

Integryn x^n yw $\dfrac{1}{n+1}x^{n+1} + c, \; n \neq -1$

Rhestr o symbolau a nodiant

Bydd y nodiant canlynol yn cael ei ddefnyddio yn arholiadau mathemateg mwyafrif y byrddau arholi:

$\in$	yn elfen o
$\notin$	ddim yn elfen o
$\{x_1, x_2, ...\}$	y set ag elfennau $x_1, x_2, ...$
$\{x: ...\}$	y set o'r holl x fel bo ...
$n(A)$	nifer yr elfennau yn set A
$\varnothing$	y set wag
ξ	y set gynhwysol
A'	cyflenwad set A
$\mathbb{N}$	set y rhifau naturiol, $\{1, 2, 3, ...\}$
$\mathbb{Z}$	set y cyfanrifau, $\{0, \pm 1, \pm 2, \pm 3, ...\}$
$\mathbb{Z}^+$	set y cyfanrifau positif, $\{1, 2, 3, ...\}$
$\mathbb{Z}_n$	set y cyfanrifau modwlo n, $\{1, 2, 3, ..., n-1\}$
$\mathbb{Q}$	set y rhifau cymarebol, $\left\{\dfrac{p}{q}: p \in \mathbb{Z}_w, q \in \mathbb{Z}^+\right\}$
$\mathbb{Q}^+$	set y rhifau cymarebol positif, $\{x \in \mathbb{Q}: x > 0\}$
$\mathbb{Q}_0^+$	set y rhifau cymarebol positif a sero, $\{x \in \mathbb{Q}: x \geqslant 0\}$
$\mathbb{R}$	set y rhifau real
$\mathbb{R}^+$	set y rhifau real positif, $\{x \in \mathbb{R}: x > 0\}$
$\mathbb{R}_0^+$	set y rhifau real positif a sero, $\{x \in \mathbb{R}: x \geqslant 0\}$
$\mathbb{C}$	set y rhifau cymhlyg
(x, y)	y pâr trefnedig x, y
$A \times B$	lluosymiau cartesaidd setiau A a B, h.y. $A \times B = \{(a, b): a \in A, b \in B\}$
$\subseteq$	yn is-set o
$\subset$	yn is-set briodol o
$\cup$	uniad
$\cap$	croestoriad
$[a, b]$	y cyfwng caeedig, $\{x \in \mathbb{R}: a \leqslant x \leqslant b\}$
$[a, b), [a, b[$	y cyfwng, $\{x \in \mathbb{R}: a \leqslant x < b\}$
$(a, b], \,]a, b]$	y cyfwng, $\{x \in \mathbb{R}: a < x \leqslant b\}$
$(a, b), \,]a, b[$	y cyfwng agored, $\{x \in \mathbb{R}: a < x < b\}$
$y \, R \, x$	y yn perthyn i x trwy'r berthynas R
$y \sim x$	y yn gywerth ag x, yng nghyd-destun rhyw berthynas cywerthedd
$=$	yn hafal i
$\neq$	ddim yn hafal i
$\equiv$	yn unfath â/ag neu yn gyfath i
$\approx$	tua'r un faint â/ag
$\cong$	yn isomorffig i
$\propto$	mewn cyfrannedd â/ag
$<$	yn llai na/nag

$\leqslant, \ngtr$	yn llai na neu'n hafal i, ddim yn fwy na
$>$	yn fwy na/nag
$\geqslant, \nless$	yn fwy na neu'n hafal i, ddim yn llai na
∞	anfeidredd
$p \wedge q$	p a q
$p \vee q$	p neu q (neu'r ddau)
$\sim p$	nid p
$p \Rightarrow q$	p yn ymhlygu q (os p yna q)
$p \Leftarrow q$	p a ymhlygir gan q (os q yna p)
$p \Leftrightarrow q$	p yn ymhlygu ac a ymhlygir gan q (p yn gywerth â q)
$\exists$	mae yna
$\forall$	ar gyfer yr holl
$a + b$	a adio b
$a - b$	a tynnu b
$a \times b, ab, a.b$	a wedi'i luosi â b
$a \div b, \dfrac{a}{b}, a/b$	a wedi'i rannu â b
$\displaystyle\sum_{i=1}^{n}$	$a_1 + a_2 + \ldots + a_n$
$\displaystyle\prod_{i=1}^{n}$	$a_1 \times a_2 \times \ldots \times a_n$
$\sqrt{a}$	ail isradd positif a
$\lvert a \rvert$	modwlws a
$n!$	n ffactorial
$\dbinom{n}{r}$	y cyfernod binomaidd $\dfrac{n!}{r!(n-r)!}$ ar gyfer $n \in \mathbb{Z}^+$
	$\dfrac{n(n-1) \ldots (n-r+1)}{r!}$ ar gyfer $n \in \mathbb{Q}$
f(x)	gwerth ffwythiant f yn x
f$: A \rightarrow B$	ffwythiant yw f fel bo gan bob elfen o set A ddelwedd yn set B
f$: x \rightarrow y$	mae ffwythiant f yn mapio elfen x i elfen y
f^{-1}	ffwythiant gwrthdro ffwythiant f
g $\circ$ f, gf	ffwythiant cyfun f ac g sy'n cael ei ddiffinio gan (g $\circ$ f)(x) neu gf$(x) =$ g(f(x))
$\displaystyle\lim_{x \to a}$ f(x)	terfan f(x) wrth i x agosáu at a
$\Delta x, \delta x$	cynnydd x
$\dfrac{\mathrm{d}y}{\mathrm{d}x}$	deilliad y mewn perthynas ag x
$\dfrac{\mathrm{d}^n y}{\mathrm{d}x^n}$	$n$fed deilliad y mewn perthynas ag x
f$'(x)$,f$''(x)$, $\ldots$, f$^{(n)}(x)$	deilliad cyntaf, ail ddeilliad, $\ldots$, $n$fed deilliad f(x) mewn perthynas ag x
$\displaystyle\int y \, \mathrm{d}x$	integryn amhendant y mewn perthynas ag x
$\displaystyle\int_{b}^{a} y \, \mathrm{d}x$	integryn pendant y mewn perthynas ag x rhwng y terfynau
$\dfrac{\partial V}{\partial x}$	deilliad rhannol V mewn perthynas ag x

$\dot{x}, \ddot{x}, \dots$	deilliad cyntaf, ail ddeilliad, ... x mewn perthynas â t
e	bôn y logarithmau naturiol
e^x, exp x	ffwythiant esbonyddol x
$\log_a x$	logarithm x i'r bôn a
ln x, $\log_e x$	logarithm naturiol x
lg x, $\log_{10} x$	logarithm x i'r bôn 10
sin, cos, tan, cosec, sec, cot	y ffwythiannau cylchol
arcsin, arccos, arctan, arccosec, arcsec, arccot	y ffwythiannau cylchol gwrthdro
sinh, cosh, tanh, cosech, sech, coth	y ffwythiannau hyperbolig
arsinh, arcosh, artanh, arcosech, arsech, arcoth	y ffwythiannau hyperbolig gwrthdro
i, j	ail isradd -1
z	rhif cymhlyg, $z = x + iy$
Re z	rhan real z, Re $z = x$
Im z	rhan ddychmygol z, Im $z = y$
$\lvert z \rvert$	modwlws z, $\lvert z \rvert = \sqrt{(x^2 + y^2)}$
arg z	yr arg o z, arg $z = \theta$, $-\pi < \theta \leqslant \pi$
z^*	cyfiau cymhlyg z, $x - iy$
M	matrics **M**
$\mathbf{M}^{-1}$	gwrthdro matrics **M**
$\mathbf{M}^{\mathrm{T}}$	trawsddodyn matrics **M**
det **M** neu $\lvert \mathbf{M} \rvert$	determinant y matrics sgwâr **M**
a	fector **a**
$\overrightarrow{AB}$	y fector a gynrychiolir mewn maint a chyfeiriad gan y segment llinell cyfeiriol AB
â	fector uned yng nghyfeiriad **a**
i, j, k	fectorau uned yng nghyfeiriadau'r echelinau cyfesurynnol cartesaidd
$\lvert \mathbf{a} \rvert$, a	maint **a**
$\lvert \overrightarrow{AB} \rvert$	maint $\overrightarrow{AB}$
a . b	lluoswm sgalar **a** a **b**
a $\times$ **b**	lluoswm fector **a** a **b**

Atebion

Ymarfer 1A
1. $7x + y$
2. $10t - 2r$
3. $8m + n - 7p$
4. $3a + 2ac - 4ab$
5. $6x^2$
6. $2m^2n + 3mn^2$
7. $2x^2 + 6x + 8$
8. $9x^2 - 2x - 1$
9. $6x^2 - 12x - 10$
10. $10c^2d + 8cd^2$
11. $8x^2 + 3x + 13$
12. $a^2b - 2a$
13. $3x^2 + 14x + 19$
14. $8x^2 - 9x + 13$
15. $a + 4b + 14c$
16. $9d^2 - 2c$
17. $20 - 6x$
18. $13 - r^2$

Ymarfer 1B
1. x^7
2. $6x^5$
3. $2p^2$
4. $3x^{-2}$
5. k^5
6. y^{10}
7. $5x^8$
8. p^2
9. $2a^3$
10. $2p^{-7}$
11. $6a^{-9}$
12. $3a^2b^{-2}$
13. $27x^8$
14. $24x^{11}$
15. $63a^{12}$
16. $32y^6$
17. $4a^6$
18. $6a^{12}$

Ymarfer 1C
1. $9x - 18$
2. $x^2 + 9x$
3. $-12y + 9y^2$
4. $xy + 5x$
5. $-3x^2 - 5x$
6. $-20x^2 - 5x$
7. $4x^2 + 5x$
8. $-15y + 6y^3$
9. $-10x^2 + 8x$
10. $3x^3 - 5x^2$
11. $4x - 1$
12. $2x - 4$
13. $3x^3 - 2x^2 + 5x$
14. $14y^2 - 35y^3 + 21y^4$
15. $-10y^2 + 14y^3 - 6y^4$
16. $4x + 10$
17. $11x - 6$
18. $7x^2 - 3x + 7$
19. $-2x^2 + 26x$
20. $-9x^3 + 23x^2$

Ymarfer 1Ch
1. $4(x + 2)$
2. $6(x - 4)$
3. $5(4x + 3)$
4. $2(x^2 + 2)$
5. $4(x^2 + 5)$
6. $6x(x - 3)$
7. $x(x - 7)$
8. $2x(x + 2)$
9. $x(3x - 1)$
10. $2x(3x - 1)$
11. $5y(2y - 1)$
12. $7x(5x - 4)$
13. $x(x + 2)$
14. $y(3y + 2)$
15. $4x(x + 3)$
16. $5y(y - 4)$
17. $3xy(3y + 4x)$
18. $2ab(3 - b)$
19. $5x(x - 5y)$
20. $4xy(3x + 2y)$
21. $5y(3 - 4z^2)$
22. $6(2x^2 - 5)$
23. $xy(y - x)$
24. $4y(3y - x)$

Ymarfer 1D
1. $x(x + 4)$
2. $2x(x + 3)$
3. $(x + 8)(x + 3)$
4. $(x + 6)(x + 2)$
5. $(x + 8)(x - 5)$
6. $(x - 6)(x - 2)$
7. $(x + 2)(x + 3)$
8. $(x - 6)(x + 4)$
9. $(x - 5)(x + 2)$
10. $(x + 5)(x - 4)$
11. $(2x + 1)(x + 2)$
12. $(3x - 2)(x + 4)$
13. $(5x - 1)(x - 3)$
14. $2(3x + 2)(x - 2)$
15. $(2x - 3)(x + 5)$
16. $2(x^2 + 3)(x^2 + 4)$
17. $(x + 2)(x - 2)$
18. $(x + 7)(x - 7)$
19. $(2x + 5)(2x - 5)$
20. $(3x + 5y)(3x - 5y)$
21. $4(3x + 1)(3x - 1)$
22. $2(x + 5)(x - 5)$
23. $2(3x - 2)(x - 1)$
24. $3(5x - 1)(x + 3)$

Ymarfer 1Dd
1.
   a. x^5
   b. x^{-2}
   c. x^4
   ch. x^3
   d. x^5
   dd. $12x^0 = 12$
   e. $3x^{\frac{1}{2}}$
   f. $5x$
   ff. $6x^{-1}$
2.
   a. ± 5
   b. ± 9
   c. 3
   ch. $\frac{1}{16}$
   d. $\pm\frac{1}{3}$
   dd. $-\frac{1}{125}$
   e. 1
   f. ± 6
   ff. $\frac{125}{64}$
   g. $\frac{9}{4}$
   ng. $\frac{5}{6}$
   h. $\frac{64}{49}$

Ymarfer 1E
1. $2\sqrt{7}$
2. $6\sqrt{2}$
3. $5\sqrt{2}$
4. $4\sqrt{2}$
5. $3\sqrt{10}$
6. $\sqrt{3}$
7. $\sqrt{3}$
8. $6\sqrt{5}$
9. $7\sqrt{2}$
10. $12\sqrt{7}$
11. $-3\sqrt{7}$
12. $9\sqrt{5}$
13. $23\sqrt{5}$
14. 2
15. $19\sqrt{3}$

Ymarfer 1F
1. $\dfrac{\sqrt{5}}{5}$
2. $\dfrac{\sqrt{11}}{11}$
3. $\dfrac{\sqrt{2}}{2}$
4. $\dfrac{\sqrt{5}}{5}$
5. $\frac{1}{2}$
6. $\frac{1}{4}$
7. $\dfrac{\sqrt{13}}{13}$
8. $\frac{1}{3}$
9. $\dfrac{1 - \sqrt{3}}{-2}$
10. $\dfrac{2 - \sqrt{5}}{-1}$
11. $\dfrac{3 + \sqrt{7}}{2}$
12. $3 + \sqrt{5}$
13. $\dfrac{\sqrt{5} + \sqrt{3}}{2}$
14. $\dfrac{(3 - \sqrt{2})(4 + \sqrt{5})}{11}$
15. $\dfrac{5(2 - \sqrt{5})}{-1}$
16. $5(4 + \sqrt{14})$
17. $\dfrac{11(3 - \sqrt{11})}{-2}$
18. $\dfrac{5 - \sqrt{21}}{-2}$
19. $\dfrac{14 - \sqrt{187}}{3}$
20. $\dfrac{35 + \sqrt{1189}}{6}$
21. -1

Ymarfer Cymysg 1Ff
1.
   a. y^8
   b. $6x^7$
   c. $32x$
   ch. $12b^9$
2.
   a. $15y + 12$
   b. $15x^2 - 25x^3 + 10x^4$
   c. $16x^2 + 13x$
   ch. $9x^3 - 3x^2 + 4x$
3.
   a. $x(3x + 4)$
   b. $2y(2y + 5)$
   c. $x(x + y + y^2)$
   ch. $2xy(4y + 5x)$
4.
   a. $(x + 1)(x + 2)$
   b. $3x(x + 2)$
   c. $(x - 7)(x + 5)$
   ch. $(2x - 3)(x + 1)$
   d. $(5x + 2)(x - 3)$
   dd. $(1 - x)(6 + x)$
5.
   a. $3x^6$
   b. ± 2
   c. $6x^2$
   ch. $\frac{1}{2}x^{-\frac{1}{3}}$
6.
   a. $\frac{4}{9}$
   b. $\frac{3375}{4913}$
7.
   a. $\dfrac{\sqrt{7}}{7}$
   b. $4\sqrt{5}$
8.
   a. $\dfrac{\sqrt{3}}{3}$
   b. $\sqrt{2} + 1$
   c. $-3\sqrt{3} - 6$
   ch. $\dfrac{30 - \sqrt{851}}{-7}$

Ymarfer 2A

1

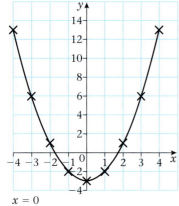

$x = 0$

2

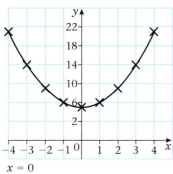

$x = 0$

3

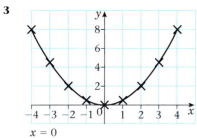

$x = 0$

4

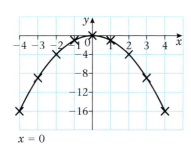

$x = 0$

5

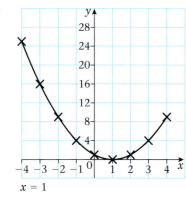

$x = 1$

6

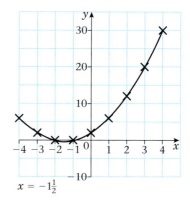

$x = -1\frac{1}{2}$

7

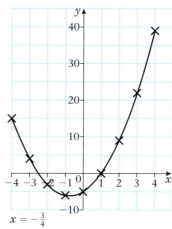

$x = -\frac{3}{4}$

8

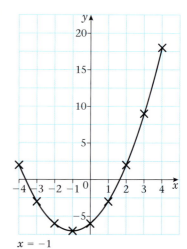

$x = -1$

9

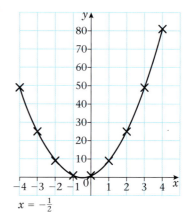

$x = -\frac{1}{2}$

138

Ymarfer 2B

1 $x = 0$ neu $x = 4$ **2** $x = 0$ neu $x = 25$
3 $x = 0$ neu $x = 2$ **4** $x = 0$ neu $x = 6$
5 $x = -1$ neu $x = -2$ **6** $x = -1$ neu $x = -4$
7 $x = -5$ neu $x = -2$ **8** $x = 3$ neu $x = -2$
9 $x = 3$ neu $x = 5$ **10** $x = 4$ neu $x = 5$
11 $x = 6$ neu $x = -1$ **12** $x = 6$ neu $x = -2$
13 $x = -\frac{1}{2}$ neu $x = -3$ **14** $x = -\frac{1}{3}$ neu $x = \frac{3}{2}$
15 $x = -\frac{2}{3}$ neu $x = \frac{3}{2}$ **16** $x = \frac{3}{2}$ neu $x = \frac{5}{2}$
17 $x = \frac{1}{3}$ neu $x = -2$ **18** $x = 3$ neu $x = 0$
19 $x = 13$ neu $x = 1$ **20** $x = 2$ neu $x = -2$
21 $x = \pm\sqrt{\dfrac{5}{3}}$ **22** $x = 3 \pm \sqrt{13}$
23 $x = \dfrac{1 \pm \sqrt{11}}{3}$ **24** $x = 1$ neu $x = -\frac{7}{6}$
25 $x = -\frac{1}{2}$ neu $x = \frac{7}{3}$ **26** $x = 0$ neu $x = -\frac{11}{6}$

Ymarfer 2C

1 $(x + 2)^2 - 4$ **2** $(x - 3)^2 - 9$
3 $(x - 8)^2 - 64$ **4** $(x + \frac{1}{2})^2 - \frac{1}{4}$
5 $(x - 7)^2 - 49$ **6** $2(x + 4)^2 - 32$
7 $3(x - 4)^2 - 48$ **8** $2(x - 1)^2 - 2$
9 $5(x + 2)^2 - 20$ **10** $2(x - \frac{5}{4})^2 - \frac{25}{8}$
11 $3(x + \frac{3}{2})^2 - \frac{27}{4}$ **12** $3(x - \frac{1}{6})^2 - \frac{1}{12}$

Ymarfer 2Ch

1 $x = -3 \pm 2\sqrt{2}$ **2** $x = -6 \pm \sqrt{33}$
3 $x = 5 \pm \sqrt{30}$ **4** $x = -2 \pm \sqrt{6}$
5 $x = \dfrac{3}{2} \pm \dfrac{\sqrt{29}}{2}$ **6** $x = 1 \pm \dfrac{3}{2}\sqrt{2}$
7 $x = \dfrac{1}{8} \pm \dfrac{\sqrt{129}}{8}$ **8** Nid oes gwreiddiau real.
9 $x = -\dfrac{3}{2} \pm \dfrac{\sqrt{39}}{2}$ **10** $x = -\dfrac{4}{5} \pm \dfrac{\sqrt{26}}{5}$

Ymarfer 2D

1 $\dfrac{-3 \pm \sqrt{5}}{2}$, -0.38 neu -2.62

2 $\dfrac{+3 \pm \sqrt{17}}{2}$, -0.56 neu 3.56

3 $-3 \pm \sqrt{3}$, -1.27 neu -4.73

4 $\dfrac{5 \pm \sqrt{33}}{2}$, 5.37 neu -0.37

5 $\dfrac{-5 \pm \sqrt{31}}{3}$, -3.52 neu 0.19

6 $\dfrac{1 \pm \sqrt{2}}{2}$, 1.21 neu -0.21

7 $\dfrac{-9 \pm \sqrt{53}}{14}$, -0.12 neu -1.16

8 $\dfrac{-2 \pm \sqrt{19}}{5}$, 0.47 neu -1.27

9 2 neu $-\dfrac{1}{4}$

10 $\dfrac{-1 \pm \sqrt{78}}{11}$, 0.71 neu -0.89

Ymarfer 2Dd

1

a

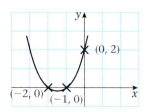

b

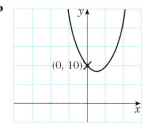

c

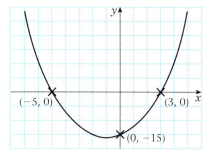

ch

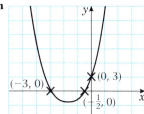

d

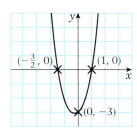

dd

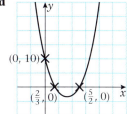

e

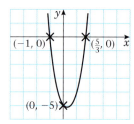

Points: $(-1, 0)$, $(\frac{5}{3}, 0)$, $(0, -5)$

f

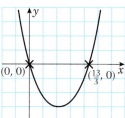

Points: $(0, 0)$, $(\frac{13}{3}, 0)$

ff

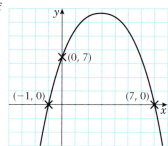

Points: $(0, 7)$, $(-1, 0)$, $(7, 0)$

g

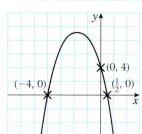

Points: $(0, 4)$, $(-4, 0)$, $(\frac{1}{2}, 0)$

2 ± 4 **3** ± 4

Ymarfer cymysg 2E

1 **a**

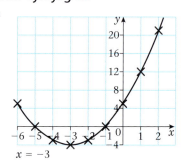

$x = -3$

b

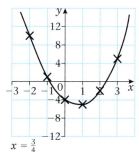

$x = \frac{3}{4}$

140

2 **a** $y = -1$ neu -2 **b** $x = \frac{2}{3}$ neu -5

   c $x = -\frac{1}{5}$ neu 3 **ch** $\dfrac{5 \pm \sqrt{7}}{2}$

3 **a** $\dfrac{-5 \pm \sqrt{17}}{2}$, -0.44 neu -4.56

   b $2 \pm \sqrt{7}$, 4.65 neu -0.65

   c $\dfrac{-3 \pm \sqrt{29}}{10}$, 0.24 neu -0.84

   ch $\dfrac{5 \pm \sqrt{73}}{6}$, 2.25 neu -0.59

4 **a**

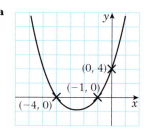

Points: $(0, 4)$, $(-1, 0)$, $(-4, 0)$

b

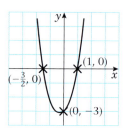

Points: $(1, 0)$, $(-\frac{3}{2}, 0)$, $(0, -3)$

c

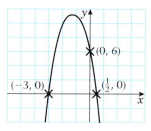

Points: $(0, 6)$, $(-3, 0)$, $(\frac{1}{2}, 0)$

ch

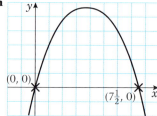

Points: $(0, 0)$, $(7\frac{1}{2}, 0)$

5 **a** $p = 3$, $q = 2$, $r = -7$ **b** $-2 \pm \sqrt{\dfrac{7}{3}}$

6 $1 \pm \sqrt{13}$ **7** $x = -5$ neu $x = 4$

Ymarfer 3A

1 $x = 4$, $y = 2$ **2** $x = 1$, $y = 3$

3 $x = 2$, $y = -2$ **4** $x = 4\frac{1}{2}$, $y = -3$

5 $x = -\frac{2}{3}$, $y = 2$ **6** $x = 3$, $y = 3$

Ymarfer 3B

1 $x = 5$, $y = 2$ **2** $x = 5\frac{1}{2}$, $y = -6$

3 $x = 1$, $y = -4$ **4** $x = 1\frac{3}{4}$, $y = \frac{1}{4}$

Ymarfer 3C

1 **a** $x = 5$, $y = 6$ neu $x = 6$, $y = 5$
   b $x = 0$, $y = 1$ neu $x = \frac{4}{5}$, $y = -\frac{3}{5}$
   c $x = -1$, $y = -3$ neu $x = 1$, $y = 3$
   ch $x = 4\frac{1}{2}$, $y = 4\frac{1}{2}$ neu $x = 6$, $y = 3$
   d $a = 1$, $b = 5$ neu $a = 3$, $b = -1$
   dd $u = 1\frac{1}{2}$, $v = 4$ neu $u = 2$, $v = 3$
2 $(\ 11,\ \ 15)$ a $(3, -1)$
3 $(-1\frac{1}{6}, -4\frac{1}{2})$ a $(2, 5)$
4 **a** $x = -1\frac{1}{2}$, $y = 5\frac{3}{4}$ neu $x = 3$, $y = -1$
   b $x = 3$, $y = \frac{1}{2}$ neu $x = 6\frac{1}{3}$, $y = -2\frac{5}{6}$
5 **a** $x = 3 + \sqrt{13}$, $y = -3 + \sqrt{13}$ neu $x = 3 - \sqrt{13}$,
        $y = -3 - \sqrt{13}$
   b $x = 2 - 3\sqrt{5}$, $y = 3 + 2\sqrt{5}$ neu $x = 2 + 3\sqrt{5}$,
        $y = 3 - 2\sqrt{5}$

Ymarfer 3Ch

1 **a** $x < 4$ **b** $x \geqslant 7$ **c** $x > 2\frac{1}{2}$
   ch $x \leqslant -3$ **d** $x < 11$ **dd** $x < 2\frac{3}{5}$
   e $x > -12$ **f** $x < 1$ **ff** $x \leqslant 8$
   g $x > 1\frac{1}{7}$
2 **a** $x \geqslant 3$ **b** $x < 1$ **c** $x \leqslant -3\frac{1}{4}$
   ch $x < 18$ **d** $x > 3$ **dd** $x \geqslant 4\frac{2}{5}$
   e $x < 4$ **f** $x > -7$ **ff** $x \leqslant -\frac{1}{2}$
   g $x \geqslant \frac{3}{4}$
3 **a** $x > 2\frac{1}{2}$ **b** $2 < x < 4$ **c** $2\frac{1}{2} < x < 3$
   ch Dim gwerthoedd   **d** $x = 4$

Ymarfer 3D

1 **a** $3 < x < 8$ **b** $-4 < x < 3$
   c $x < -2$, $x > 5$ **ch** $x \leqslant -4$, $x \geqslant -3$
   d $-\frac{1}{2} < x < 7$ **dd** $x < -2$, $x > 2\frac{1}{2}$
   e $\frac{1}{2} \leqslant x \leqslant 1\frac{1}{2}$ **f** $x < \frac{1}{3}$, $x > 2$
   ff $-3 < x < 3$ **g** $x < -2\frac{1}{2}$, $x > \frac{2}{3}$
   ng $x < 0$, $x > 5$ **h** $-1\frac{1}{2} \leqslant x \leqslant 0$
2 **a** $-5 < x < 2$ **b** $x < -1$, $x > 1$
   c $\frac{1}{2} < x < 1$ **ch** $-3 < x < \frac{1}{4}$
3 **a** $2 < x < 4$ **b** $x > 3$
   c $-\frac{1}{4} < x < 0$ **ch** Dim gwerthoedd
   d $-5 < x < -3$, $x > 4$ **dd** $-1 < x < 1$, $2 < x < 3$

Ymarfer cymysg 3Dd

1 $x = -4$, $y = 3\frac{1}{2}$
2 $(3, 1)$ a $(-2\frac{1}{5}, -1\frac{3}{5})$
3 **b** $x = 4$, $y = 3$ ac $x = -2\frac{2}{3}$, $y = -\frac{1}{3}$
4 $x = -1\frac{1}{2}$, $y = 2\frac{1}{4}$ ac $x = 4$, $y = -\frac{1}{2}$
5 **a** $x > 10\frac{1}{2}$ **b** $x < -2$, $x > 7$
6 $3 < x < 4$
7 **a** $x = -5$, $x = 4$ **b** $x < -5$, $x > 4$
8 **a** $x < 2\frac{1}{2}$
   b $\frac{1}{2} < x < 5$
   c $\frac{1}{2} < x < 2\frac{1}{2}$
9 $k \leqslant 3\frac{1}{5}$
10 $x < 0$, $x > 1$
11 **a** $1 \pm \sqrt{13}$ **b** $x < 1 - \sqrt{13}$, $x > 1 + \sqrt{13}$
12 **a** $x < -4$, $x > 9$ **b** $y < -3$, $y > 3$
13 **a** $2x + 2(x - 5) > 32$ **b** $x(x - 5) < 104$
    c $10\frac{1}{2} < x < 13$

Ymarfer 4A

1 **a**
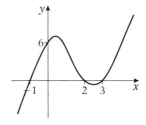

   b
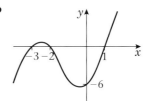

   c

   ch
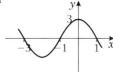

   d
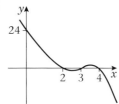

   dd
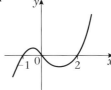

   e

   f
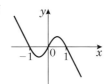

ff

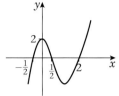

g

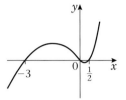

2 a

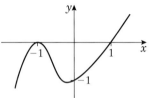

b

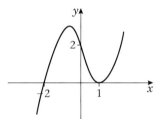

c

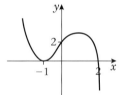

ch

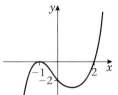

d

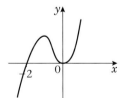

dd

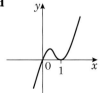

e

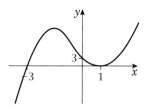

f

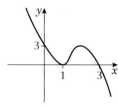

ff

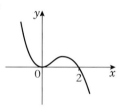

g

3 a $y = x(x + 2)(x - 1)$

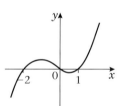

b $y = x(x + 4)(x + 1)$

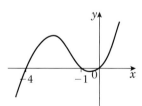

c $y = x(x + 1)^2$

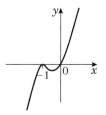

ch $y = x(x + 1)(3 - x)$

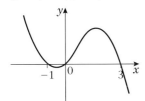

d $y = x^2(x - 1)$

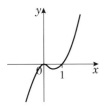

dd $y = x(1 - x)(1 + x)$

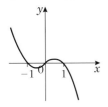

e $y = 3x(2x - 1)(2x + 1)$

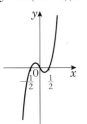

f $y = x(x + 1)(x - 2)$

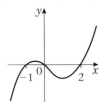

ff $y = x(x - 3)(x + 3)$

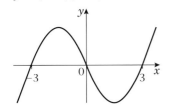

g $y = x^2(x - 9)$

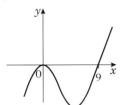

Ymarfer 4B

1 a

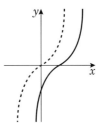

b

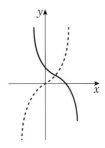

c

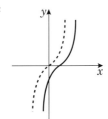

ch

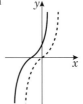

d

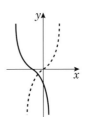

2 a

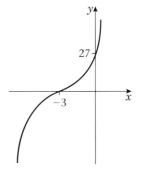

b

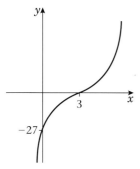

c

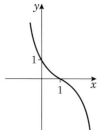

ch

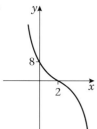

d

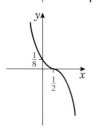

Ymarfer 4C

1

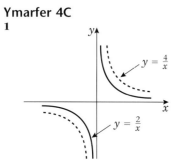

2

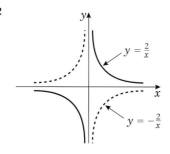

3

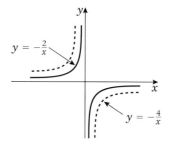

4

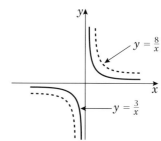

5

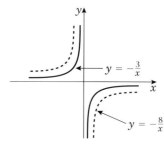

Ymarfer 4Ch

1 a i

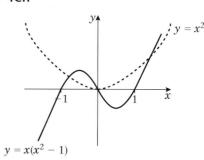

ii 3   **iii** $x^2 = x(x^2 - 1)$

b i

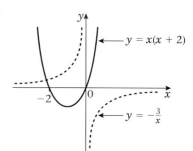

ii 1   **iii** $x(x + 2) = -\dfrac{3}{x}$

c i

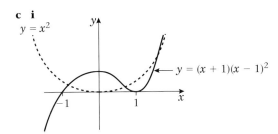

$y = x^2$

$y = (x + 1)(x - 1)^2$

ii 3 **iii** $x^2 = (x + 1)(x - 1)^2$

ch i

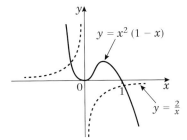

$y = x^2 (1 - x)$

$y = \frac{2}{x}$

ii 2 **iii** $x^2(1 - x) = -\frac{2}{x}$

d i

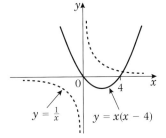

$y = \frac{1}{x}$

$y = x(x - 4)$

ii 1 **iii** $x(x - 4) = \frac{1}{x}$

dd i

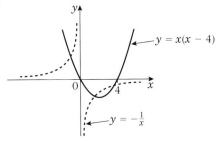

$y = x(x - 4)$

$y = -\frac{1}{x}$

ii 3 **iii** $x(x - 4) = -\frac{1}{x}$

e i

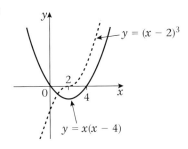

$y = (x - 2)^3$

$y = x(x - 4)$

ii 1 **iii** $x(x - 4) = (x - 2)^3$

f i

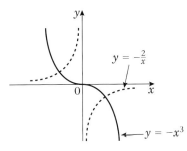

$y = -\frac{2}{x}$

$y = -x^3$

ii 2 **iii** $-x^3 = -\frac{2}{x}$

ff i

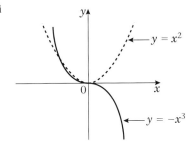

$y = x^2$

$y = -x^3$

ii 2 **iii** $-x^3 = x^2$

g i

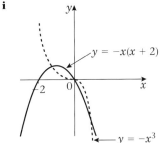

$y = -x(x + 2)$

$y = -x^3$

ii 3 **iii** $-x^3 = -x(x + 2)$

2 a

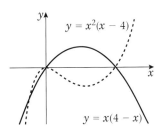

$y = x^2(x - 4)$

$y = x(4 - x)$

b $(0, 0); (4, 0); (-1, -5)$

3 a

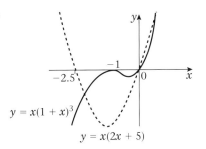

$y = x(1 + x)^3$

$y = x(2x + 5)$

b $(0, 0); (2, 18); (-2, -2)$

4 a

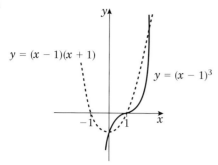

$y = (x - 1)(x + 1)$

$y = (x - 1)^3$

b $(0, -1)$; $(1, 0)$; $(3, 8)$

5 a

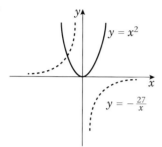

$y = x^2$

$y = -\frac{27}{x}$

b $(-3, 9)$

6 a

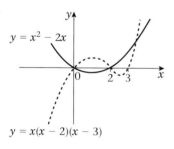

$y = x^2 - 2x$

$y = x(x - 2)(x - 3)$

b $(0, 0)$; $(2, 0)$; $(4, 8)$

7 a

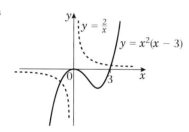

$y = \frac{2}{x}$

$y = x^2(x - 3)$

b 2 groestoriad yn unig.

8 a

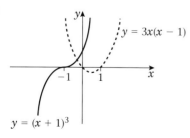

$y = 3x(x - 1)$

$y = (x + 1)^3$

b 1 croestoriad yn unig.

9 a

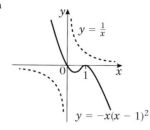

$y = \frac{1}{x}$

$y = -x(x - 1)^2$

b Nid yw'r graffiau yn croestorri.

10 a

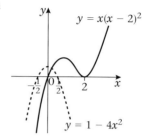

$y = x(x - 2)^2$

$y = 1 - 4x^2$

b 1, gan mai unwaith yn unig y mae'r graffiau'n croesi.

11 a

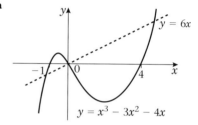

$y = 6x$

$y = x^3 - 3x^2 - 4x$

b $(0, 0)$; $(-2, -12)$; $(5, 30)$

12 a

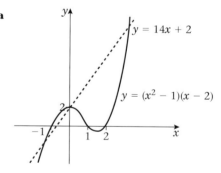

$y = 14x + 2$

$y = (x^2 - 1)(x - 2)$

b $(0, 2)$; $(-3, -40)$; $(5, 72)$

13 a

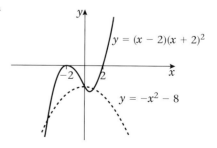

$y = (x - 2)(x + 2)^2$

$y = -x^2 - 8$

b $(0, -8)$; $(1, -9)$; $(-4, -24)$

Ymarfer 4D

1 a i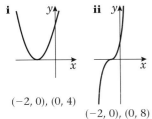
$(-2, 0), (0, 4)$

ii $(-2, 0), (0, 8)$

iii $(0, \frac{1}{2}), x = -2$

b i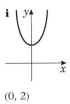
$(0, 2)$

ii $(-\sqrt[3]{2}, 0), (0, 2)$

iii $(-\frac{1}{2}, 0), y = 2$

c i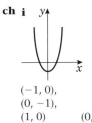
$(0, 1), (1, 0)$

ii $(0, -1), (1, 0)$

iii $(0, -1), x = 1$

ch i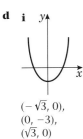
$(-1, 0), (0, -1), (1, 0)$

ii $(0, -1), (1, 0)$

iii $(1, 0), y = -1$

d i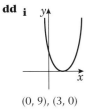
$(-\sqrt{3}, 0), (0, -3), (\sqrt{3}, 0)$

ii $(0, -3), (\sqrt[3]{3}, 0)$

iii $(\frac{1}{3}, 0), y = -3$

dd i
$(0, 9), (3, 0)$

ii $(0, -27), (3, 0)$

iii $(0, -\frac{1}{3}), x = 3$

2 a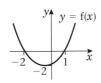

b i 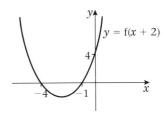 $y = f(x + 2)$

ii 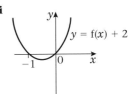 $y = f(x) + 2$

c $f(x + 2) = (x + 1)(x + 4); (0, 4)$
$f(x) + 2 = (x - 1)(x + 2) + 2; (0, 0)$

3 a 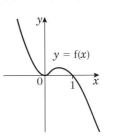 $y = f(x)$

b 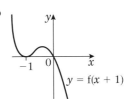 $y = f(x + 1)$

c $f(x + 1) = -x(x + 1)^2; (0, 0)$

4 a 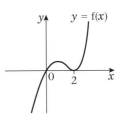 $y = f(x)$

b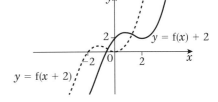

c $f(x + 2) = (x + 2)x^2; (0, 0); (-2, 0)$

147

5 a

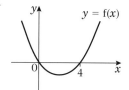

b

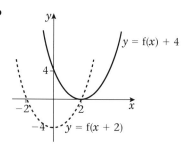

c $f(x + 2) = (x + 2)(x - 2); (2, 0); (-2, 0)$
$f(x) + 4 = (x - 2)^2; (2, 0)$

Ymarfer 4Dd

1 a i **ii** **iii**

b i **ii** **iii**

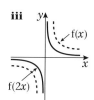

$f(x) = f(-x)$

c i **ii** **iii**

ch i **ii** **iii**

d i **ii** **iii**

dd i **ii** **iii**

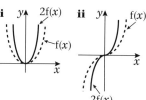

e i **ii** **iii**

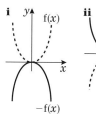

f
i **ii** **iii**

ff i **ii** **iii**

g i **ii** **iii**

2 a

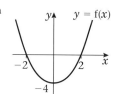

b

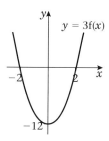

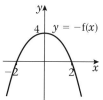

3 a

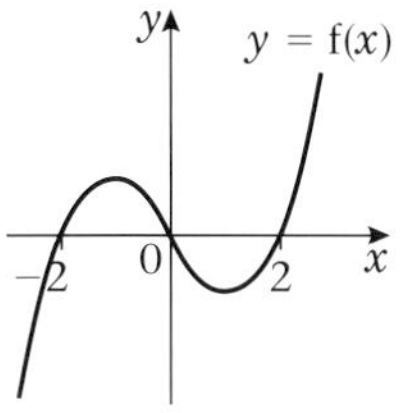

b

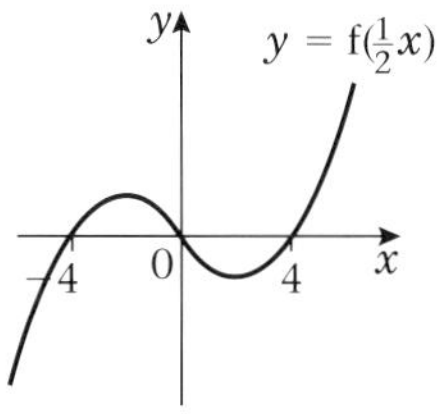

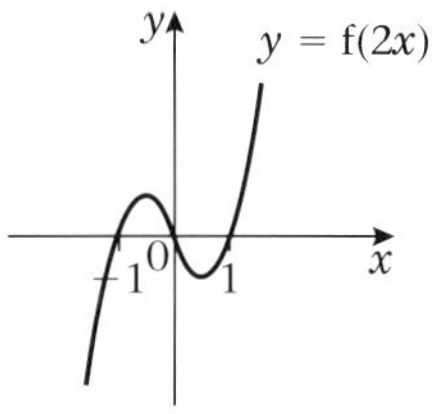

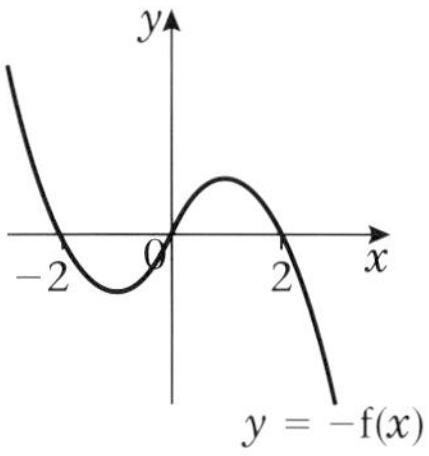

4 a

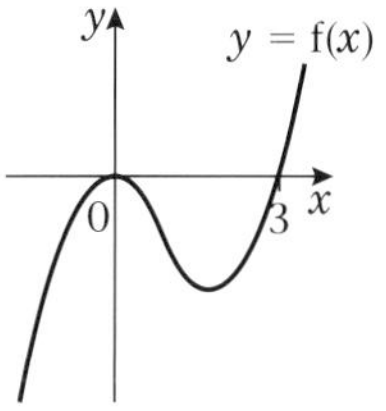

b

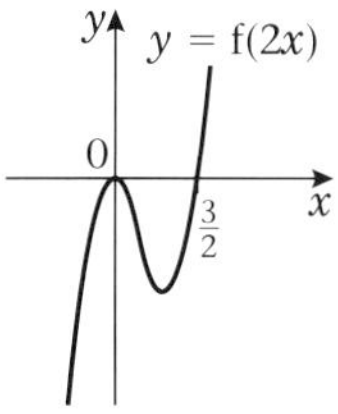

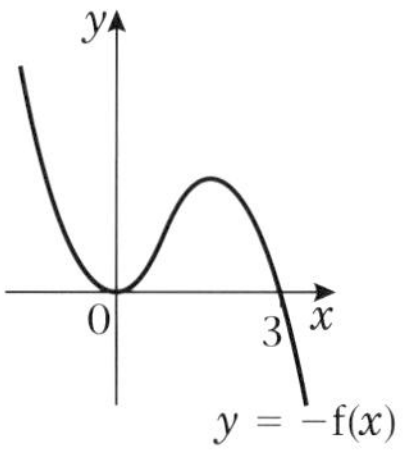

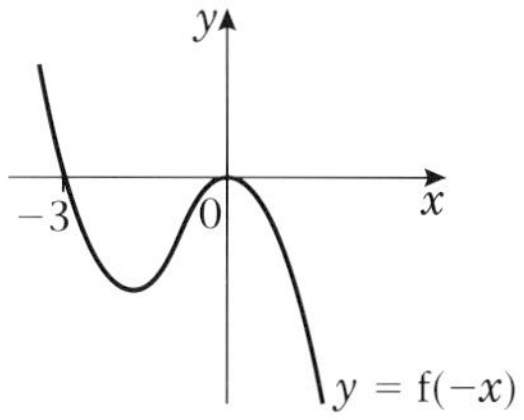

5 a

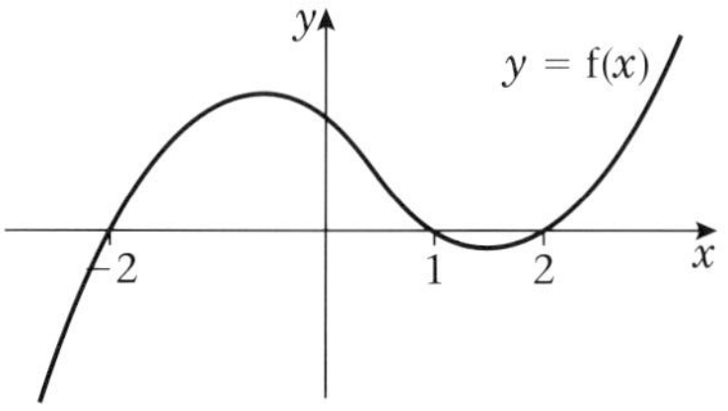

b

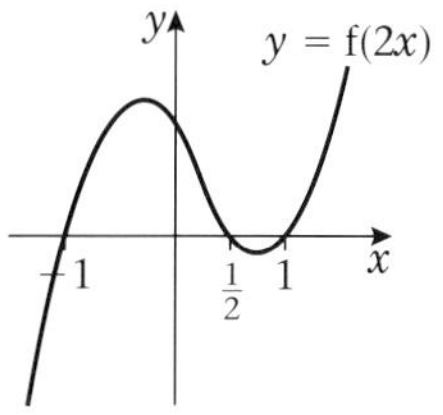

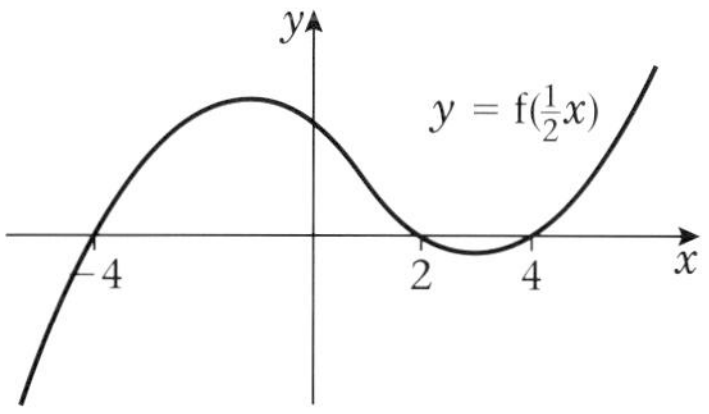

Ymarfer 4E

1 a

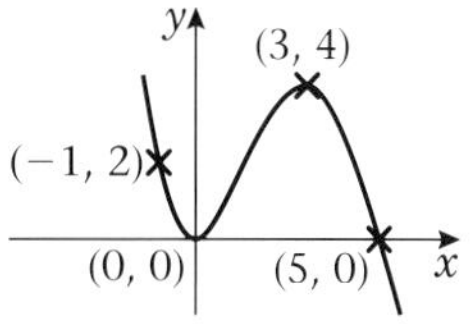

b

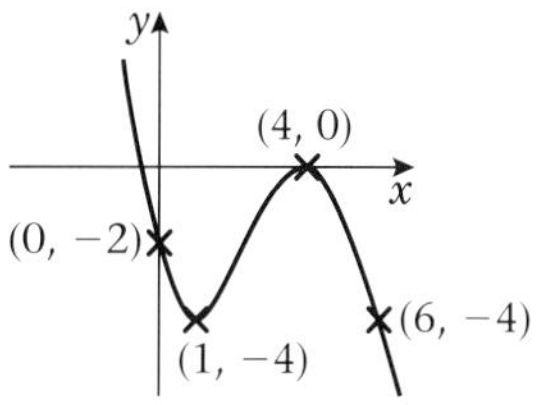

c

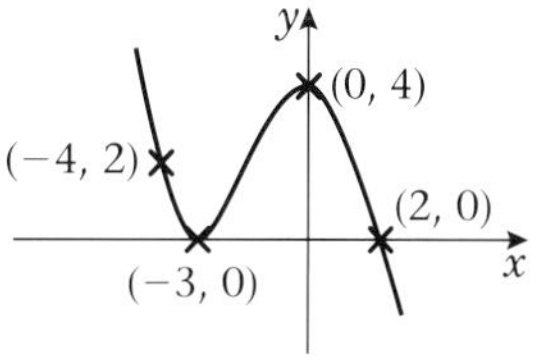

ch

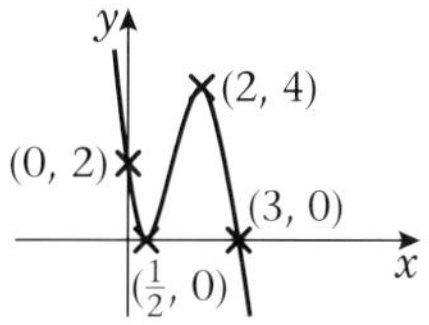

d

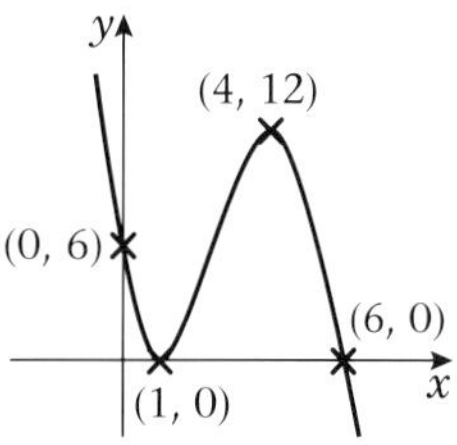

dd

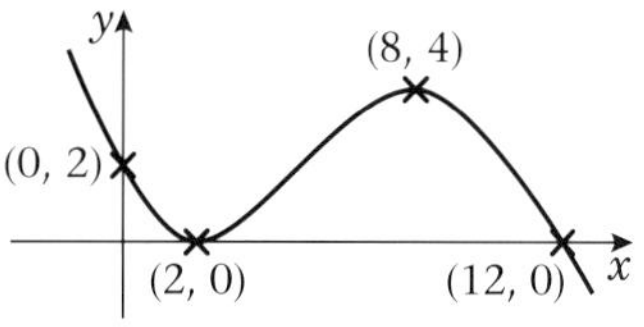

e

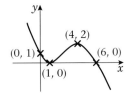

f

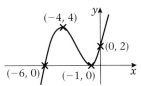

2 a $y = 4$, $x = 1$, $(0, 2)$

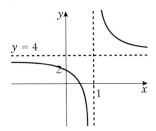

b $y = 2$, $x = 0$, $(-1, 0)$

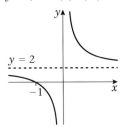

c $y = 4$, $x = 1$, $(0, 0)$

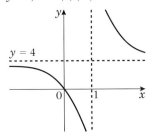

ch $y = 0$, $x = 1$, $(0, -2)$

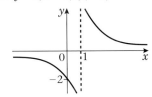

d $y = 2$, $x = \frac{1}{2}$, $(0, 0)$

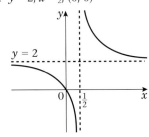

dd $y = 2$, $x = 2$, $(0, 0)$

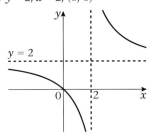

e $y = 1$, $x = 1$, $(0, 0)$

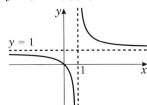

f $y = -2$, $x = 1$, $(0, 0)$

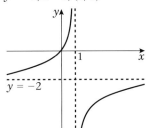

3 a A$(-2, -6)$, B$(0, 0)$, C$(2, -3)$, D$(6, 0)$

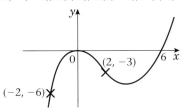

b A$(-4, 0)$, B$(-2, 6)$, C$(0, 3)$, D$(4, 6)$

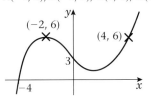

c A$(-2, -6)$, B$(-1, 0)$, C$(0, -3)$, D$(2, 0)$

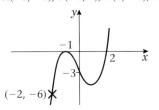

ch A$(-8, -6)$, B$(-6, 0)$, C$(-4, -3)$, D$(0, 0)$

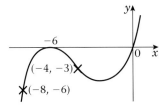

d A(−4, −3), B(−2, 3), C(0, 0), D(4, 3)

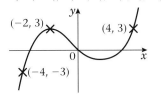

dd A(−4, −18), B(−2, 0), C(0, −9), D(4, 0)

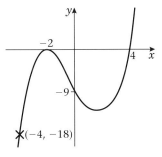

e A(−4, −2), B(−2, 0), C(0, −1), D(4, 0)

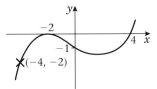

f A(−16, −6), B(−8, 0), C(0, −3), D(16, 0)

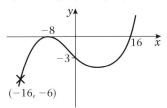

ff A(−4, 6), B(−2, 0), C(0, 3), D(4, 0)

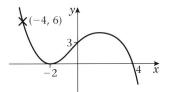

g A(4, −6), B(2, 0), C(0, −3), D(−4, 0)

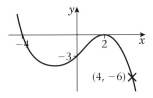

4 a i $x = -2, y = 0, (0, 2)$

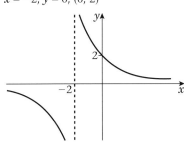

ii $x = -1, y = 0, (0, 1)$

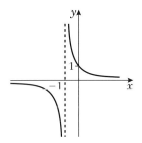

iii $x = 0, y = 0$

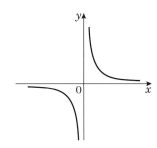

iv $x = -2, y = -1, (0, 0)$

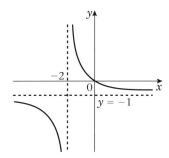

v $x = 2, y = 0, (0, 1)$

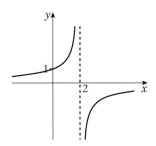

vi $x = -2, y = 0, (0, -1)$

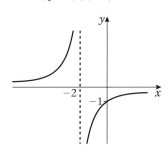

b $f(x) = \dfrac{2}{x + 2}$

151

Ymarfer cymysg 4F

1 a

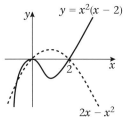
$y = x^2(x - 2)$
$2x - x^2$

b $x = 0, -1, 2$; pwyntiau $(0, 0), (2, 0), (-1, -3)$

2 a

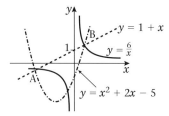
$y = 1 + x$
$y = \frac{6}{x}$
$y = x^2 + 2x - 5$

b A$(-3, -2)$ B$(2, 3)$

c $y = x^2 + 2x - 5$

3 a

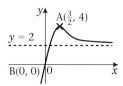
A$(\frac{3}{2}, 4)$
$y = 2$
B$(0, 0)$

b

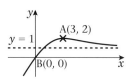
A$(3, 2)$
$y = 1$
B$(0, 0)$

c

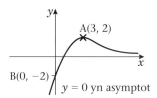
A$(3, 2)$
B$(0, -2)$
$y = 0$ yn asymptot

ch

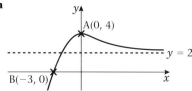
A$(0, 4)$
$y = 2$
B$(-3, 0)$

d

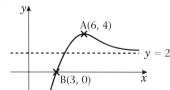
A$(6, 4)$
$y = 2$
B$(3, 0)$

dd

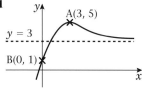
A$(3, 5)$
$y = 3$
B$(0, 1)$

4 a $x = -1$ yn A, $x = 3$ yn B

5 a

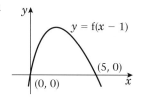
$y = f(x - 1)$
$(5, 0)$
$(0, 0)$

b

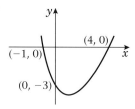
$(4, 0)$
$(-1, 0)$
$(0, -3)$

6 a

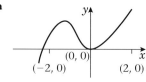
$(0, 0)$
$(-2, 0)$
$(2, 0)$

b

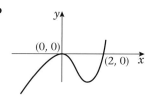
$(0, 0)$
$(2, 0)$

7 a $f \geq -1$ $y = x^2 - 4x + 3$

b i

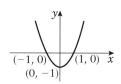
$(-1, 0)$
$(1, 0)$
$(0, -1)$

ii

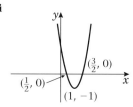
$(\frac{3}{2}, 0)$
$(\frac{1}{2}, 0)$
$(1, -1)$

Ymarfer 5A

1 a -2 **b** -1 **c** 3 **ch** $\frac{1}{3}$

   d $-\frac{2}{3}$ **dd** $\frac{5}{4}$ **e** $\frac{1}{2}$ **f** 2

   ff $\frac{1}{2}$ **g** $\frac{1}{2}$ **ng** -2 **h** $-\frac{3}{2}$

2 a 4 **b** -5 **c** $-\frac{2}{3}$ **ch** 0

   d $\frac{7}{5}$ **dd** 2 **e** 2 **f** -2

   ff 9 **g** -3 **ng** $\frac{3}{2}$ **h** $-\frac{1}{2}$

3 a $4x - y + 3 = 0$ **b** $3x - y - 2 = 0$

   c $6x + y - 7 = 0$ **ch** $4x - 5y - 30 = 0$

   d $5x - 3y + 6 = 0$ **dd** $7x - 3y = 0$

   e $14x - 7y - 4 = 0$ **f** $27x + 9y - 2 = 0$

   ff $18x + 3y + 2 = 0$ **g** $2x + 6y - 3 = 0$

   ng $4x - 6y + 5 = 0$ **h** $6x - 10y + 5 = 0$

4 $y = 5x + 3$

5 $2x + 5y + 20 = 0$

6 $y = -\frac{1}{2}x + 7$

7 $y = \frac{2}{3}x$

8 $(3, 0)$

9 $(\frac{5}{3}, 0)$

10 $(0, 5)$, $(-4, 0)$

Ymarfer 5B

1 **a** $\frac{1}{2}$ **b** $\frac{1}{6}$ **c** $-\frac{3}{5}$ **ch** 2

   d -1 **dd** $\frac{1}{2}$ **e** $\frac{1}{2}$ **f** 8

   ff $\frac{2}{3}$ **g** -4 **ng** $-\frac{1}{3}$ **h** $-\frac{1}{2}$

   i 1 **l** $\dfrac{q^2 - p^2}{q - p} = q + p$

2 7 **3** 12 **4** $4\frac{1}{3}$ **5** $2\frac{1}{4}$

6 $\frac{1}{4}$ **7** 26 **8** -5

Ymarfer 5C

1 **a** $y = 2x + 1$ **b** $y = 3x + 7$

   c $y = -x - 3$ **ch** $y = -4x - 11$

   d $y = \frac{1}{2}x + 12$ **dd** $y = -\frac{2}{3}x - 5$

   e $y = 2x$ **f** $y = -\frac{1}{2}x + 2b$

2 $y = 3x - 6$ **3** $y = 2x + 8$

4 $2x - 3y + 24 = 0$ **5** $-\frac{1}{5}$

6 $y = \frac{2}{5}x + 3$ **7** $2x + 3y - 12 = 0$

8 $\frac{8}{5}$ **9** $y = \frac{4}{3}x - 4$

10 $6x + 15y - 10 = 0$

Ymarfer 5Ch

1 **a** $y = 4x - 4$ **b** $y = x + 2$

   c $y = 2x + 4$ **ch** $y = 4x - 23$

   d $y = x - 4$ **dd** $y = \frac{1}{2}x + 1$

   e $y = -4x - 9$ **f** $= -8x - 33$

   ff $y = \frac{6}{5}x$ **g** $y = \frac{2}{7}x + \frac{5}{14}$

2 $(-3, 0)$ **3** $(0, 1)$

4 $(0, 3\frac{1}{2})$ **5** $y = -\frac{4}{5}x + 4$

6 $x - y + 5 = 0$ **7** $y = -\frac{3}{8}x + \frac{1}{2}$

8 $y = 4x + 13$

9 $y = x + 2$, $y = -\frac{1}{6}x - \frac{1}{3}$, $y = -6x + 23$

10 $(3, -1)$

Ymarfer 5D

1 **a** Perpendicwlar   **b** Paralel

   c Dim y naill na'r llall   **ch** Perpendicwlar

   d Perpendicwlar   **dd** Paralel

   e Paralel   **f** Perpendicwlar

   ff Perpendicwlar   **g** Paralel

   ng Dim y naill na'r llall   **h** Perpendicwlar

2 $y = -\frac{1}{3}x$ **3** $4x - y + 15 = 0$

4 **a** $y = -2x + \frac{1}{2}$ **b** $y = \frac{1}{2}x$

   c $y = -x - 3$ **ch** $y = \frac{1}{2}x - 8$

5 **a** $y = 3x + 11$ **b** $y = -\frac{1}{3}x + \frac{13}{3}$

   c $y = \frac{2}{3}x + 2$ **ch** $y = -\frac{3}{2}x + \frac{17}{2}$

6 $3x + 2y - 5 = 0$ **7** $7x - 4y + 2 = 0$

Ymarfer cymysg 5Dd

1 **a** $y = -3x + 14$ **b** $(0, 14)$

2 **a** $y = -\frac{1}{2}x + 4$ **b** $y = -\frac{1}{2}x + \frac{3}{2}$, $(1, 1)$

3 **a** $y = \frac{1}{7}x + \frac{12}{7}$, $y = -x + 12$ **b** $(9, 3)$

4 **a** $y = -\frac{5}{12}x + \frac{11}{6}$ **b** -22

5 **a** $y = \frac{3}{2}x - \frac{3}{2}$ **b** $(3, 3)$

6 $11x - 10y + 19 = 0$

7 **a** $y = -\frac{1}{2}x + 3$ **b** $y = \frac{1}{4}x + \frac{9}{4}$

8 **a** $y = \frac{3}{2}x - 2$ **b** $(4, 4)$ **c** 20

9 **a** $2x + y = 20$ **b** $y = \frac{1}{3}x + \frac{4}{3}$

10 **a** $\frac{1}{2}$ **b** 6 **c** $2x + y - 16 = 0$

11 **a** $\left(\dfrac{3 + \sqrt{3}}{1 + \sqrt{3}}\right) = \sqrt{3}$ **b** $y = \sqrt{3}x + 2\sqrt{3}$

12 **a** $7x + 5y - 18 = 0$ **b** $\frac{162}{35}$

13 **b** $y = \frac{1}{3}x + \frac{1}{3}$

14 **a**

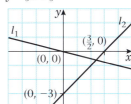

   b $(\frac{4}{3}, -\frac{1}{3})$

   c $12x - 3y - 17 = 0$

15 **a** $x + 2y - 16 = 0$

   b $y = -4x$

   c $(-\frac{16}{7}, \frac{64}{7})$

Ymarfer 6A

1 24, 29, 34

   Adio 5 at y term blaenorol

2 2, −2, 2

   Lluosi'r term blaenorol â −1

3 18, 15, 12

   Tynnu 3 o'r term blaenorol

4 162, 486, 1458

   Lluosi'r term blaeorol â 3

5 $\frac{1}{4}$, $-\frac{1}{8}$, $+\frac{1}{16}$

   Lluosi'r term blaenorol â $-\frac{1}{2}$

6 41, 122, 365

   Lluosi'r term blaenorol â 3 yna −1

7 8, 13, 21

   Adio'r ddau derm blaenorol

8 $\frac{5}{9}$, $\frac{6}{11}$, $\frac{7}{13}$

   Adio 1 at y rhifiadur blaenorol,

   adio 2 at yr enwadur blaenorol

9 2.0625, 2.031 25, 2.015 625

   Rhannu'r term blaenorol â 2 yna +1

10 24, 35, 48

   Adio odrifau olynol at y term blaenorol

Ymarfer 6B

1 **a** $U_1 = 5$ $U_2 = 8$ $U_3 = 11$ $U_{10} = 32$

   b $U_1 = 7$ $U_2 = 4$ $U_3 = 1$ $U_{10} = -20$

   c $U_1 = 6$ $U_2 = 9$ $U_3 = 14$ $U_{10} = 105$

   ch $U_1 = 4$ $U_2 = 1$ $U_3 = 0$ $U_{10} = 49$

   d $U_1 = -2$ $U_2 = 4$ $U_3 = -8$ $U_{10} = 1024$

   dd $U_1 = \frac{1}{3}$ $U_2 = \frac{1}{2}$ $U_3 = \frac{3}{5}$ $U_{10} = \frac{5}{6}$

   e $U_1 = -\frac{1}{3}$ $U_2 = \frac{1}{2}$ $U_3 = -\frac{3}{5}$ $U_{10} = \frac{5}{6}$

   f $U_1 = -1$ $U_2 = 0$ $U_3 = 1$ $U_{10} = 512$

2 **a** 14   **b** 9   **c** 11   **ch** 9

   d 6   **dd** 9   **e** 8   **f** 14

   ff 4   **g** 5

3 $U_n = 4n^2 + 4n = 4(n^2 + n)$ sy'n lluosrif 4

4 $U_n = (n - 5)^2 + 2 > 0$. Mae U_n lleiaf pan fo $n = 5$ ($U_n = 2$)

5 $a = 12$, $b = -22$

6 $a = 1$, $b = 3$, $c = 0$

7 $p = \frac{1}{2}$, $q = 5\frac{1}{2}$

Ymarfer 6C

1
a 1, 4, 7, 10   **b** 9, 4, −1, −6
c 3, 6, 12, 24   **ch** 2, 5, 11, 23
d 10, 5, 2.5, 1.25   **dd** 2, 3, 8, 63
e 3, 5, 13, 31

2
a $U_{k+1} = U_k + 2$, $U_1 = 3$
b $U_{k+1} = U_k − 3$, $U_1 = 20$
c $U_{k+1} = 2U_k$, $U_1 = 1$
ch $U_{k+1} = U_k/4$, $U_1 = 100$
d $U_{k+1} = −1 \times U_k$, $U_1 = 1$
dd $U_{k+1} = 2U_k + 1$, $U_1 = 3$
e $U_{k+1} = (U_k)^2 + 1$, $U_1 = 0$
f $U_{k+1} = \dfrac{U_k + 2}{2}$, $U_1 = 26$
ff $U_{k+2} = U_{k+1} + U_k$, $U_1 = 1$, $U_2 = 1$
g $U_{k+1} = 2U_k + 2(−1)^{k+1}$, $U_1 = 4$

3
a $U_{k+1} = U_k + 2$, $U_1 = 1$
b $U_{k+1} = U_k + 3$, $U_1 = 5$
c $U_{k+1} = U_k + 1$, $U_1 = 3$
ch $U_{k+1} = U_k + \frac{1}{2}$, $U_1 = 1$
d $U_{k+1} = U_k + 2k + 1$, $U_1 = 1$
dd $U_{k+1} = U_k − (−1)^k(2k + 1)$, $U_1 = −1$

4 **a** $3k + 2$ **b** $3k^2 + 2k + 2$ **c** $\frac{10}{3}$, −4

5 **a** $4 − 2p$ **b** $4 − 6p$ **c** $p = −2$

Ymarfer 6Ch

1 Y dilyniannau rhifyddol yw **a, b, c, f, h**
2
a 23, $2n + 3$ **b** 32, $3n + 2$
c −3, $27 − 3n$ **ch** 35, $4n − 5$
d $10x$, nx **dd** $a + 9d$, $a + (n − 1)d$
3 **a** £5800   **b** £$(3800 + 200m)$
4
a 22   **b** 40   **c** 39
ch 46   **d** 18   **dd** n

Ymarfer 6D

1
a 78, $4n − 2$ **b** 42, $2n + 2$
c 23, $83 − 3n$ **ch** 39, $2n − 1$
d −27, $33 − 3n$ **dd** 59, $3n − 1$
e $39p$, $(2n − 1)p$ **f** $−71x$, $(9 − 4n)x$
2
a 30   **b** 29   **c** 32
ch 31   **d** 221   **dd** 77
3 $d = 6$
4 $a = 36$, $d = −3$, 14eg term
5 24
6 $x = 5$; 25, 20, 15
7 $x = \frac{1}{2}$, $x = 8$

Ymarfer 6Dd

1
a 820   **b** 450   **c** −1140
ch −294   **d** 1440   **dd** 1425
e −1155   **f** $21(11x + 1)$
2
a 20   **b** 25
c 65   **ch** 4 neu 14 (2 ateb)
3 2550
4 **i** £222 500   **ii** £347 500
5 1683, 3267   **6** £9.03, 141 diwrnod
7 $d = −\frac{1}{2}$, −5.5   **8** $a = 6$, $d = −2$

Ymarfer 6E

1
a $\displaystyle\sum_{r=1}^{10}(3r + 1)$ **b** $\displaystyle\sum_{r=1}^{30}(3r − 1)$
c $\displaystyle\sum_{r=1}^{11}4(11 − r)$ **ch** $\displaystyle\sum_{r=1}^{16}6r$

2 **a** 210   **b** 1010   **c** −60   **ch** 147
3 19   **4** 49

Ymarfer cymysg 6F

1 5, 8, 11
2 10
3 2, 9, 23, 51
4
a Adio 6 at y term blaenorol, h.y. $U_{n+1} = U_n + 6$ (neu $U_n = 6n − 1$)
b Adio 3 at y term blaenorol, h.y. $U_{n+1} = U_n + 3$ (neu $U_n = 3n$)
c Lluosi'r term blaenorol â 3, h.y. $U_{n+1} = 3U_n$ (neu $U_n = 3^{n−1}$)
ch Tynnu 5 o'r term blaenorol, h.y. $U_{n+1} = U_n − 5$ (neu $U_n = 15 − 5n$)
d Y rhifau sgwâr $(U_n = n^2)$
dd Lluosi'r term blaenorol ag 1.2, h.y. $U_{n+1} = 1.2U_n$ (neu $U_n = (1.2)^{n−1}$)

Y dilyniannau rhifyddol yw:
a $a = 5$, $d = 6$
b $a = 3$, $d = 3$
ch $a = 10$, $d = −5$

5 **a** 81   **b** 860
6 **b** 5050
7 32
8 **a** £13 780
   c £42 198
9 **a** $a = 25$, $d = −3$ **b** −3810
10 **a** 26 733   **b** 53 467
11 **a** 5   **b** 45
12
a $−4k + 15$
b $−8k^2 + 30k − 30$
c $−\frac{1}{4}$, 4
13 **b** 1500 m
15 **a** $U_2 = 2k − 4$, $U_3 = 2k^2 − 4k − 4$
   b 5, −3
16 **a** £2450
   b £59 000
   c $d = 30$
17 **a** $d = 5$
   b 59
18 **b** $\dfrac{11k − 9}{3}$
   c 1.5
   ch 415

Ymarfer 7A

1
a i 7   **ii** 6.5   **iii** 6.1
   iv 6.01   **v** $h + 6$
b 6
2
a i 9   **ii** 8.5   **iii** 8.1
   iv 8.01   **v** $8 + h$
b 8

Ymarfer 7B

1 $7x^6$ **2** $8x^7$ **3** $4x^3$
4 $\frac{1}{3}x^{-\frac{2}{3}}$ **5** $\frac{1}{4}x^{-\frac{3}{4}}$ **6** $\frac{1}{3}x^{-\frac{2}{3}}$
7 $−3x^{-4}$ **8** $−4x^{-5}$ **9** $−2x^{-3}$
10 $−5x^{-6}$ **11** $−\frac{1}{3}x^{-\frac{4}{3}}$ **12** $−\frac{1}{2}x^{-\frac{3}{2}}$
13 $−2x^{-3}$ **14** 1   **15** $3x^2$
16 $9x^8$ **17** $5x^4$ **18** $3x^2$

Ymarfer 7C

1 a $4x - 6$ **b** $x + 12$ **c** $8x$
ch $16x + 7$ **d** $4 - 10x$
2 a 12 **b** 6 **c** 7
ch $2\frac{1}{2}$ **d** -2 **dd** 4
3 $4, 0$ **4** $(-1, -8)$
5 $1, -1$ **6** $6, -4$

Ymarfer 7Ch

1 a $4x^3 - x^{-2}$ **b** $-x^{-3}$ **c** $-x^{-\frac{3}{2}}$
2 a 0 **b** $11\frac{1}{2}$
3 a $(2\frac{1}{2}, -6\frac{1}{4})$ **b** $(4, -4)$ a $(2, 0)$
c $(16, -31)$ **ch** $(\frac{1}{2}, 4)$ $(-\frac{1}{2}, -4)$

Ymarfer 7D

1 a $x^{-\frac{1}{2}}$ **b** $-6x^{-3}$ **c** $-x^{-4}$
ch $\frac{4}{3}x^3 - 2x^2$ **d** $-6x^{-4} + \frac{1}{2}x^{-\frac{1}{2}}$
dd $\frac{1}{3}x^{-\frac{2}{3}} - \frac{1}{2}x^{-2}$ **e** $-3x^{-2}$ **f** $3 + 6x^{-2}$
ff $5x^{\frac{3}{2}} + \frac{3}{2}x^{-\frac{1}{2}}$ **g** $3x^2 - 2x + 2$ **ng** $12x^3 + 18x^2$
h $24x - 8 + 2x^{-2}$
2 a 1 **b** $\frac{2}{9}$ **c** -4 **ch** 4

Ymarfer 7Dd

1 $24x + 3, 24$
2 $15 - 3x^{-2}, 6x^{-3}$
3 $\frac{9}{2}x^{-\frac{1}{2}} + 6x^{-3}, -\frac{9}{4}x^{-\frac{3}{2}} - 18x^{-4}$
4 $30x + 2, 30$
5 $-3x^{-2} - 16x^{-3}, 6x^{-3} + 48x^{-4}$

Ymarfer 7E

1 $2t - 3$ **2** 2π
3 $-12t^{-2}$ **4** 9.8
5 $1 - 5r^{-2}$ **6** $-12 + 8t$
7 $10 - 2x$

Ymarfer 7F

1 a $y + 3x - 6 = 0$ **b** $4y - 3x - 4 = 0$
c $3y - 2x - 18 = 0$ **ch** $y = x$
d $y = 12x + 14$ **dd** $y = 16x - 22$
2 a $7y + x - 48 = 0$ **b** $17y + 2x - 212 = 0$
3 $(1\frac{2}{9}, 1\frac{8}{9})$
4 $y = -x, 4y + x - 9 = 0; (-3, 3)$
5 $y = -8x + 10, 8y - x - 145 = 0$

Ymarfer 7Ff

1 $4, 11\frac{3}{4}, 17\frac{25}{27}$ **2** $0, \pm 2\sqrt{2}$
3 $(-1, 0)$ ac $(1\frac{1}{3}, 9\frac{13}{27})$ **4** $2, 2\frac{2}{3}$
5 $(2, -13)$ a $(-2, 15)$
6 a $1 - \dfrac{9}{x^2}$ **b** $x = \pm 3$
7 $x = 4, y = 20$ **8** $\frac{3}{2}x^{-\frac{1}{2}} + 2x^{-\frac{3}{2}}$
9 a $\dfrac{dy}{dx} = 6x^{-\frac{1}{2}} - \frac{3}{2}x^{\frac{1}{2}}$ **b** $(4, 16)$
$= \frac{1}{2}x^{-\frac{1}{2}}(12 - 3x)$
$= \frac{3}{2}x^{-\frac{1}{2}}(4 - x)$

10 a $x + x^{\frac{3}{2}} - x^{-\frac{1}{2}} - 1$
b $1 + \frac{3}{2}x^{\frac{1}{2}} + \frac{1}{2}x^{-\frac{3}{2}}$
c $4\frac{1}{16}$
11 $6x^2 + \frac{1}{2}x^{-\frac{1}{2}} - 2x^{-2}$
12 $\dfrac{10}{3}, \dfrac{2300\pi}{27}$
14 $a = 1, b = -4, c = 5$
15 a $3x^2 - 10x + 5$
b i $\frac{1}{3}$ **ii** $y = 2x - 7$ **iii** $\frac{7}{2}\sqrt{5}$
16 $y = 9x - 4$ a $9y + x = 128$
17 a $(\frac{4}{5}, -\frac{2}{5})$ **b** $\frac{1}{5}$

Ymarfer 8A

1 $y = \frac{1}{6}x^6 + c$ **2** $y = 2x^5 + c$
3 $y = x^3 + c$ **4** $y = x^{-1} + c$
5 $y = 2x^{-2} + c$ **6** $y = \frac{3}{5}x^{\frac{5}{3}} + c$
7 $y = \frac{8}{3}x^{\frac{3}{2}} + c$ **8** $y = -\frac{2}{7}x^7 + c$
9 $y = \frac{1}{2}x^6 + c$ **10** $y = -x^{-3} + c$
11 $y = 2x^{\frac{1}{2}} + c$ **12** $y = -10x^{-\frac{1}{2}} + c$
13 $y = 4x^{-\frac{1}{2}} + c$ **14** $y = \frac{9}{2}x^{\frac{4}{3}} + c$
15 $y = 3x^{12} + c$ **16** $y = 2x^{-7} + c$
17 $y = -9x^{\frac{1}{3}} + c$ **18** $y = -5x + c$
19 $y = 3x^2 + c$ **20** $y = \frac{10}{3}x^{0.6} + c$

Ymarfer 8B

1 a $y = 2x^2 + x^{-1} + 4x^{\frac{3}{2}} + c$
b $y = 5x^3 - 3x^{-2} + 2x^{-\frac{3}{2}} + c$
c $y = \frac{1}{4}x^4 - 3x^{\frac{1}{2}} + 6x^{-1} + c$
ch $y = x^4 + 3x^{\frac{1}{3}} + x^{-1} + c$
d $y = 4x + 4x^{-3} + 4x^{\frac{1}{2}} + c$
dd $y = 3x^{\frac{5}{3}} - 2x^5 - \frac{1}{2}x^{-2} + c$
e $y = 4x^{-\frac{1}{3}} - 3x + 4x^2 + c$
f $y = x^5 + 2x^{-\frac{1}{2}} + 3x^{-4} + c$
2 a $f(x) = 6x^2 - 3x^{-\frac{1}{2}} + 5x + c$
b $f(x) = x^6 - x^{-6} + x^{-\frac{1}{6}} + c$
c $f(x) = x^{\frac{1}{2}} + x^{-\frac{1}{2}} + c$
ch $f(x) = 5x^2 - 4x^{-2} + c$
d $f(x) = 3x^{\frac{2}{3}} - 6x^{-\frac{2}{3}} + c$
dd $f(x) = 3x^3 - 2x^{-2} + \frac{1}{2}x^{\frac{1}{2}} + c$
e $f(x) = \frac{1}{3}x^3 - x^{-1} + \frac{2}{3}x^{\frac{3}{2}} + c$
f $f(x) = x^{-2} - x^2 + \frac{4}{3}x^{\frac{3}{2}} + c$

Ymarfer 8C

1 $\frac{1}{4}x^4 + x^2 + c$

2 $-2x^{-1} + 3x + c$

3 $2x^{\frac{5}{2}} - x^3 + c$

4 $\frac{4}{3}x^{\frac{3}{2}} - 4x^{\frac{1}{2}} + 4x + c$

5 $x^4 + x^{-3} + rx + c$

6 $t^3 + t^{-1} + c$

7 $\frac{2}{3}t^3 + 6t^{-\frac{1}{2}} + t + c$

8 $\frac{1}{2}x^2 + 2x^{\frac{1}{2}} - 2x^{-\frac{1}{2}} + c$

9 $\frac{p}{5}x^5 + 2tx - 3x^{-1} + c$

10 $\frac{p}{4}t^4 + q^2t + px^3t + c$

Ymarfer 8Ch

1 a $\frac{1}{2}x^4 + x^3 + c$ **b** $2x - \frac{3}{x} + c$

   c $\frac{4}{3}x^3 + 6x^2 + 9x + c$ **ch** $\frac{2}{3}x^3 + \frac{1}{2}x^2 - 3x + c$

   d $\frac{4}{5}x^{\frac{5}{2}} + 2x^{\frac{3}{2}} + c$

2 a $\frac{1}{3}x^3 + 2x^2 + 4x + c$ **b** $\frac{1}{3}x^3 + 2x - \frac{1}{x} + c$

   c $\frac{1}{2}x^2 + \frac{8}{3}x^{\frac{3}{2}} + 4x + c$ **ch** $\frac{2}{5}x^{\frac{5}{2}} + \frac{4}{3}x^{\frac{3}{2}} + c$

   d $\frac{2}{3}x^{\frac{3}{2}} + 4x^{\frac{1}{2}} + c$ **dd** $2x^{\frac{1}{2}} + \frac{4}{3}x^{\frac{3}{2}} + c$

3 a $2x^{\frac{1}{2}} - \frac{1}{x} + c$ **b** $4x^{\frac{1}{2}} + x^3 + c$

   c $\frac{3}{5}x^{\frac{5}{3}} - \frac{2}{x^2} + c$ **ch** $-\frac{1}{x^2} - \frac{1}{x} + 3x + c$

   d $\frac{1}{4}x^4 - \frac{1}{3}x^3 + \frac{3}{2}x^2 - 3x + c$

   dd $4x^{\frac{1}{2}} + \frac{6}{5}x^{\frac{5}{2}} + c$ **e** $\frac{1}{3}x^3 - 3x^2 + 9x + c$

   f $\frac{8}{5}x^{\frac{5}{2}} + \frac{8}{3}x^{\frac{3}{2}} + 2x^{\frac{1}{2}} + c$

   ff $3x + 2x^{\frac{1}{2}} + 2x^3 + c$ **g** $\frac{2}{5}x^{\frac{5}{2}} + 3x^2 + 6x^{\frac{3}{2}} + c$

Ymarfer 8D

1 a $y = x^3 + x^2 - 2$ **b** $y = x^4 - \frac{1}{x^2} + 3x + 1$

   c $y = \frac{2}{3}x^{\frac{3}{2}} + \frac{1}{12}x^3 + \frac{1}{3}$ **ch** $y = 6\sqrt{x} - \frac{1}{2}x^2 - 4$

   d $y = \frac{1}{3}x^3 + 2x^2 + 4x + \frac{2}{3}$ **dd** $y = \frac{2}{5}x^{\frac{5}{2}} + 6x^{\frac{1}{2}} + 1$

2 $f(x) = \frac{1}{2}x^4 + \frac{1}{x} + \frac{1}{2}$

3 $y = 1 - \frac{2}{\sqrt{x}} - \frac{3}{x}$

4 a $f_2(x) = \frac{x^3}{3}$; $f_3(x) = \frac{x^4}{12}$ **b** $\frac{x^{n+1}}{3 \times 4 \times 5 \times \dots \times (n+1)}$

5 $f_2(x) = x + 1$; $f_3(x) = \frac{1}{2}x^2 + x + 1$;
   $f_4(x) = \frac{1}{6}x^3 + \frac{1}{2}x^2 + x + 1$

Ymarfer cymysg 8Dd

1 a $\frac{2}{3}x^3 - \frac{3}{2}x^2 - 5x + c$ **b** $\frac{3}{4}x^{\frac{4}{3}} + \frac{3}{2}x^{\frac{2}{3}} + c$

2 $\frac{1}{3}x^3 - \frac{3}{2}x^2 + \frac{2}{x} + \frac{1}{6}$

3 a $2x^4 - 2x^3 + 5x + c$ **b** $2x^{\frac{5}{2}} + \frac{4}{3}x^{\frac{3}{2}} + c$

4 $\frac{4}{5}x^{\frac{5}{2}} - \frac{2}{3}x^{\frac{3}{2}} - 6x^{\frac{1}{2}} + c$

5 $x = t^3 - t^2 + t + 1$; $x = 7$

Papur arholiad enghreifftiol

1 a 4   **b** 64

2 $2x^3 + \frac{2}{3}x^{\frac{3}{2}} + c$

3 a 3, 5   **b** 36

4 a $27 + 10\sqrt{2}$ **b** $20\sqrt{2}$

5 $x = -3$, $y = -3$ ac $x = 8$, $y = \frac{2}{3}$

6 a $x + 2y - 13 = 0$

   b $y = 2x$

   c $(2\frac{3}{5}, 5\frac{1}{5})$

7 a Dim croestoriad.

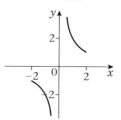

   b

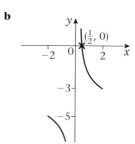

   c

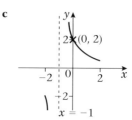

8 a 670   **b** 5350   **c** 45

9 a i 2   **ii** $c - 4$ **iii** $c < 4$

   b i $x < 5$

     ii $x < -7$, $x > 3$

     iii $x < -7$, $3 < x < 5$

10 a $P = 9$, $Q = -24$, $R = 16$

   b 10

   c $x + 10y - 248 = 0$

Mynegai